Spanish

Intensive Language Course

D1321714

SPANISH

INTENSIVE LANGUAGE COURSE

Accompanying Book

© Naumann & Göbel Verlagsgesellschaft mbH, a subsidiary of
VEMAG Verlags- und Medien Aktiengesellschaft
Emil-Hoffmann-Straße 1, D-50996 Cologne
www.vemag-medien.de

Authors: Josefina del Carmen and Antony J. Peck
Complete production: Naumann & Göbel Verlagsgesellschaft mbH, Cologne

ISBN: 978-3-632-98848-9

Foreword

This language course is aimed at all who wish to learn their first words of Spanish or who would like to refresh their long-forgotten knowledge of the language. The course can serve equally well as preparation for a holiday or a business trip to Spain since the basic situations, in which one has to cope with the language, are the same.

A commission from the Council of Europe has listed in its recommendations for the teaching of foreign languages all the situations, which one has to deal with in order to «survive» in a foreign country. In addition to this, all aspects of the language (vocabulary, idiomatic expressions and structures), which one needs to maintain a conversation in these situations, were brought together.

The guidelines, for the teaching of Spanish during the first few years of study in schools, also follow extensively the recommendations of the Council of Europe. Therefore this course is very suitable as an accompaniment to lessons for pupils and participants of evening classes to improve listening comprehension skills and speaking skills in Spanish.

In this language course the spoken word is at the forefront. You should quickly be put in the position where you have to cope linguistically with the most important basic situations in the areas of service industry (shopping, travelling, restaurants, hotel reservations etc.). On the other hand, you should also be a position to make contact on a social level with acquaintances or business colleagues, thus talking about family, living conditions, interests etc. Lively, authentic dialogues lead you right into the Spanish-speaking world without expecting too much of you. You will understand immediately everything you read, hear and say, as it is always translated into English as well.

This course was designed to be a self-study course. It has been tested and approved as a correspondence course. Its material can therefore also be introduced and used for a distance-learning course.

Course Structure

In each of the 33 Units you will find the following parts:

1. **Diálogos** • **Dialogues**

2. **¿Cómo se dice?** • **How to say it**

3. **Ejercicios** • **Exercises**

4. **Escuche esto** • **Just Listen!**

1. Diálogos • Dialogues

The dialogues contain examples of authentic speech in the form of a small conversation. Each dialogue is a pattern for how Spanish is used in order to deal linguistically with a certain situation. So you will learn in an Unidad how to ask for directions, for example, and in another Unidad how to talk about hobbies and interests. In the second column you will find line for line an English translation of the dialogue. With the help of the translation you can be sure at all times that you understand what you hear. The translation is not always word for word but it gives the gist of the English equivalent. A word for word translation has been added in brackets where a literal translation can help you to understand the Spanish structure better and to see its construction clearly.
Particular difficulties for English-speaking learners are explained in the mnemonic sentences after the dialogues. There you will also find references to grammatical regularities.

2. ¿Cómo se dice? • How to say it

You will find in these sections, which appear in each Unidad, a compilation of the expressions that you should learn, in order to cope in Spanish with situations similar to those presented in the dialogues. As a rule, these expressions are presented in the form of sentence structure tables. With the help of these tables you can easily recognise how the sentence patterns can be varied as regards content.
Linguistic peculiarities or grammatical regularities are indicated again in the mnemonic boxes.

3. Ejercicios • Exercises

In this section, which appears in each Unidad, you will find a selection of exercises. With the help of these exercises you should be able to use the learnt expressions and structures of the spoken language more fluently and with confidence. The solutions to each exercise can be found on the CD.

You should therefore always use the book and the CD together. In addition to that, the CD contains «gapped conversations» in which you take on a role in the dialogue. You will thus be asked to talk directly to the interlocutor on the CD and will be able to simulate an almost authentic conversational situation.

4. Escuche esto • Just Listen!

The CD 4 contains a series of short plays, reports and radio features. These listening texts have been organised in such a way that they always contain vocabulary, expressions and structures which you have not yet learnt. You should gradually get used to the fact that in a genuine conversation with Spanish people or in radio and television programmes language will flow, which has not been so carefully selected as in the practice dialogues of a course. With the help of these listening comprehension scenes you will develop an extremely important skill for «survival», namely to listen for the information essential for you, even when you do not (yet) understand every word.

When you have carefully worked through the book and the CDs, you will certainly be capable of coping with the **Learning Success Test** at the end of the course. The solutions to the individual tasks can be found at the end of the tests.

How do you learn best?

Step 1

For the acquisition of a foreign language it is important first of all to pick up the sound and the melody of the language and, at the same time, to grasp the meaning of what you hear. Therefore you should start by carefully reading through the column of English in the coursebook before you listen to the dialogue for the first time on the CD. You will already know what the dialogue is about and will be able to concentrate on the Spanish that you hear. For the moment, take in the dialogue as a whole.
When listening to the dialogue for a second time you should then follow the Spanish text in the book. If you want to check the English column again for the exact meaning of a Spanish expression, stop the CD by using the pause button.

Step 2

Now you should repeat the dialogue line for line. For this exercise stop the CD after every line using the pause button. If you want to, you could also quickly rewind so that you can listen again to one or other of the expressions. When doing this be careful to imitate the pronunciation and the intonation as much as you possibly can.
When you are sure that you can repeat the dialogue, read it again out loud. If, at the same time, you speak the dialogue onto a cassette, you will be able to make a very good comparison between your own pronunciation and the example on the course CD.

Step 3

You should try next to memorise the most important expressions which are used in the dialogues. A summary of these expressions can be found in each chapter under the title «¿Cómo se dice? • How to say it». Read the sentences through carefully and think about their precise meaning. You might also like to listen once more to those particular parts of the dialogues in order to be reminded of the exact pronunciation of the individual sentences and phrases. Look at the explanations under the dialogues or idioms as well: here you will find guidance regarding the correct use of certain expressions and also simple grammatical rules, which will help you to recognise the regularities that form the basis of the Spanish language.

Step 4

Now you should put into practice what you have learnt yourself by doing the simple tasks in the section «Ejercicios • Exercises». In most exercises you imitate a short role play. To do this task, read the instructions through thoroughly so that you know exactly for which purpose you can use the practice sentences.

You will find on the CD or in the Answer Section of the coursebook the solutions to the exercises. Work through the exercises sentence by sentence in three steps:

- Say the answer out loud to yourself.
- Then listen to the corresponding answer on the CD, or check in the Answer Section, and compare your answers.
- You will find that there is a short pause included after each solution on the CD, in which you can then say the correct answer once more. Moreover, should you want to think about it again or if the gap on the CD is not long enough, use the pause button in order to stop the CD.

Again, at this stage, pay close attention to the speaker's pronunciation and intonation and try to imitate these as much as possible. During a second attempt you should be able to work through the exercise more freely and quickly. It is also recommended again here that you speak your answers onto a cassette, so that you can then make comparisons once more with the example on the course CD if necessary.

Step 5

Next, listen once again to the dialogues from the corresponding chapter. You will notice that most sentences and phrases are so familiar to you now that you will understand their meaning without too much trouble.

When you speak to Spanish people however, you cannot expect to hear the exact idiomatic phrases and vocabulary that you have learnt. It is therefore important then to get used to listening out for and understanding the essential information, even if you do not comprehend every single word. That is the reason why you will find in the second half of this course an additional listening text to listen to for Step 5. The listening text is structured in such a way that you hear only a few and then increasingly more vocabulary and phrases, which you have not yet learnt. Nevertheless, try to listen out for some important pieces of information using the questions given. Do not be discouraged if you are unable to answer the questions straight away. Listen to the text once more, maybe rewinding certain sentences, until you understand, with the help of vocabulary and phrases already learnt, what you are being asked for.

Step 6

Finally, try to do the Learning Success Test at the end of the book. If you have worked carefully through the book and the CDs, this test will not present you with any more difficulties. You will find the answers to the exercises at the end of the test.

Advice for using CD-version
In order to find the dialogues, exercises or listening texts for individual chapters
separately and directly, key in the relevant number from the following list:

CD 1
01: Unidad 1, Diálogos
02: Unidad 1, Ejercicios
03: Unidad 2, Diálogos
04: Unidad 2, Ejercicios
05: Unidad 3, Diálogos
06: Unidad 3, Ejercicios
07: Unidad 4, Diálogos
08: Unidad 4, Ejercicios
09: Unidad 5, Diálogos
10: Unidad 5, Ejercicios
11: Unidad 6, Diálogos
12: Unidad 6, Ejercicios
13: Unidad 7, Diálogos
14: Unidad 7, Ejercicios
15: Unidad 8, Diálogos
16: Unidad 8, Ejercicios
17: Unidad 9, Diálogos
18: Unidad 9, Ejercicios
19: Unidad 10, Diálogos
20: Unidad 10, Ejercicios

CD 2
01: Unidad 11, Diálogos
02: Unidad 11, Ejercicios
03: Unidad 12, Diálogos
04: Unidad 12, Ejercicios
05: Unidad 13, Diálogos
06: Unidad 13, Ejercicios
07: Unidad 14, Diálogos
08: Unidad 14, Ejercicios
09: Unidad 15, Diálogos
10: Unidad 15, Ejercicios
11: Unidad 16, Diálogos
12: Unidad 16, Ejercicios
13: Unidad 17, Diálogos
14: Unidad 17, Ejercicios
15: Unidad 18, Diálogos
16: Unidad 18, Ejercicios
17: Unidad 19, Diálogos
18: Unidad 19, Ejercicios
19: Unidad 20, Diálogos
20: Unidad 20, Ejercicios
21: Unidad 21, Diálogos
22: Unidad 21, Ejercicios
23: Unidad 22, Diálogos
24: Unidad 22, Ejercicios

CD 3
01: Unidad 23, Diálogos
02: Unidad 23, Ejercicios
03: Unidad 24, Diálogos
04: Unidad 24, Ejercicios
05: Unidad 25, Diálogos
06: Unidad 25, Ejercicios
07: Unidad 26, Diálogos
08: Unidad 26, Ejercicios
09: Unidad 27, Diálogos
10: Unidad 27, Ejercicios
11: Unidad 28, Diálogos
12: Unidad 28, Ejercicios
13: Unidad 29, Diálogos
14: Unidad 29, Ejercicios
15: Unidad 30, Diálogos
16: Unidad 30, Ejercicios
17: Unidad 31, Diálogos
18: Unidad 31, Ejercicios
19: Unidad 32, Diálogos
20: Unidad 32, Ejercicios
21: Unidad 33, Diálogos
22: Unidad 33, Ejercicios

CD 4
01: Escena uno, sección uno
02: Escena uno, sección dos
03: Escena uno, sección tres
04: Escena uno, sección cuatro
05: Escena uno, sección cinco
06: Escena uno, sección seis
07: Escena uno, sección siete
08: Escena uno, sección ocho
09: Escena dos, sección uno
10: Escena dos, sección dos
11: Escena dos, sección tres
12: Escena tres, sección uno
13: Escena tres, sección dos
14: Escena tres, sección tres
15: Escena tres, sección cuatro
16: Escena tres, sección cinco
17: Escena tres, sección seis
18: Escena tres, sección siete
19: Escena tres, sección ocho
20: Escena cuatro, sección uno
21: Escena cuatro, sección dos
22: Escena cuatro, sección tres
23: Escena cuatro, sección cuatro
24: Escena cinco, sección uno
25: Escena cinco, sección dos
26: Escena cinco, sección tres
27: Escena seis

Contents

Appendix

Conversaciones • First conversations

In this unit you will learn how to

- ask about names, addresses and telephone numbers.
- ask how a name or word is spelt.
- respond accordingly.

Diálogos • Dialogues

Diálogo 1   Ana Roca (AR), recepcionista en un hotel (R)

AR:	Mi nombre es Roca. Ana Roca	*My name is Roca. Ana Roca.*
R:	¿Roca? ¿Roca? ¿Cómo se deletrea?	*Roca ...? Roca ...? How do you spell that?*
AR:	R-O-C-A.	*R-O-C-A*
R:	Sí, señora Roca.	*Yes, señora Roca.*

Diálogo 2   Felicidad (F), una amiga (A)

F:	¿Dónde vives tú?	*Where do you live?*
A:	En Madrid.	*In Madrid.*
F:	¿Cuál es tu dirección?	*What's your address?*
A:	Plaza Mayor 29.	*Plaza Mayor 29.*
F:	¿Tienes teléfono?	*Have you got a phone?*
A:	Sí.	*Yes, I have.*
F:	¿Qué número?	*What's your number?*
A:	Madrid 254 06 61.	*Madrid 254 06 61.*

Diálogo 3   Paco (P), un amigo (A)

P:	¿Vives en Barcelona?	*Do you live in Barcelona?*
A:	Sí.	*Yes, I do.*
P:	¿Cuál es tu dirección?	*What's your address?*
A:	Calle Nueva 134.	*Calle Nueva 134.*
P:	¿Tienes teléfono?	*Have you got a phone?*
A:	Sí.	*Yes, I have.*
P:	¿Qué número?	*What's your number?*
A:	301 28 47.	*301 28 47.*

Conversaciones • First Conversations

Diálogo 4   Enrique Gil (EG), Pedro Duarte (PD)

EG: Perdone, pero no sé cómo se
      llama usted.

*Excuse me, but I don't think we've met
(before).*

PD: Duarte. Pedro Duarte.

Duarte. Pedro Duarte.

EG: Mi nombre es Enrique Gil. ¿Cómo
      está usted?

*My name is Enrique Gil. Pleased to meet
you.*

PD: Mucho gusto.

Pleased to meet you, too.

EG: Y éste es Emilio Blas.

And this is Emilio Blas.

PD: Encantado.

Nice to meet you.

Perdone – Excuse me.

¡Mucho gusto! ¡Tanto gusto! **¿Cómo está usted?** **¡Encantado!**	Pleased to meet you.

Tú   = You (familiar form)
Usted = You (polite form)

No sé su nombre. – I don't know your name.
No sé cómo se llama. – I don't know what your name is.
Nombre. – First name or surname.
Apellido. – Surname.

Note: In Spain you usually ask about the plural family name (**apellidos**) as
the Spanish always have two surnames.

¿Cómo se dice? • How to say it

1. Preguntando por el nombre.

How to ask someone their name.

¿Cuál es su	nombre? apellido?

Mi nombre es Ana Roca.

No sé su nombre.
No sé cómo se llama usted.

Conversaciones • First Conversations

2. Cómo deletrear palabras.
How to spell.

¿Cómo se deletrea?	R-O-C-A.

3. Cómo preguntar a alguien dónde vive.
How to ask where someone lives.

¿Dónde vive usted?	Vivo en ...
¿Cuál es su dirección?	Calle Valverde 29
¿Vive en ...?	Sí/No. Vivo en ...

Ejercicios • Exercises

Ejercicio 1

Escuche en el cd cómo se pronuncian las letras del alfabeto y repítalas. Deletree estos nombres:

Listen to the pronunciation of the individual letters on the CD and repeat them. Spell the following names:

Rodríguez, García, Bejarano, Lorca, López, Fernández, Arana, Estévez, Banderas, González.

Compruebe su respuesta en el cd. Ahora deletree su nombre.

Check your answers using the CD. Now spell your own name.

Ejercicio 2

Escuche en el cd cómo se pronuncian los números y repítalos.

Listen to the pronunciation of the numbers on the CD and repeat them.

1, 2, 3, 4, 5, 6, 7, 8, 9, 10,
11, 12, 13, 14, 15, 16, 17, 18, 19, 20,
21, 22, 23, 24, 25, 26, 27, 28, 29, 30,
31, 42, 53, 64, 75, 86, 97,
100, 101, 102, 103, 104, 105, 106, 107, 108, 109, 110,
111, 112, 113, 114, 115, 116, 117, 118, 119, 120,
121, 132, 143, 154, 165, 176, 187, 198, 200, 300, 400, 500.

Imagínese que usted es una de estas personas. Diga y deletree su nombre, su dirección y su número de teléfono.

Imagine you are the following people. Say your name and spell it and give your address and telephone number.

Juan Miguel Sánchez
Diagonal 410
08021 Barcelona
93/27 14 56 78

Javier Domingo
San Martín de Porres 6
28035 Madrid
91/7 29 77 00

Mario Serrano
Calle Mayor 32
31001 Pamplona
48/18 47 53

Compruebe su respuesta en el cd.

Check your answers using the CD.

Ahora dé su nombre, dirección y número de teléfono.

Say your own name and give your address and telephone number.

Ejercicio 3

Escuche la conversación del cd y conteste a las preguntas. Use la información contenida en a) y b) para contestar.

Listen to the following gap text on the CD and answer the questions. To answer you need the information in a) and b).

Un amigo: Hola. ¿Dónde vives?
Tú: …
Un amigo: ¿Cuál es tu dirección?
Tú: …
Un amigo: ¿Tienes teléfono?
Tú: …
Un amigo: ¿Qué número?
Tú: …

Información contenida en a)
Tú vives en Sevilla, Calle Ríos, 5.
Tu número de teléfono es
Sevilla 27 53 97.

Información contenida en b)
Tú vives en Valencia, Avenida Arcos, 31.
Tu número de teléfono es
Valencia 21 01 55.

Saludos • Greetings

In this unit you will learn how to

- introduce people.
- greet people.
- ask and give date of birth.

Diálogos • Dialogues

Diálogo 1 Enrique Gil (EG), Amalia Gil (AG), señor Pérez (P)

EG: Hola, señor Pérez. Bienvenido a Madrid.

P: Gracias.

EG: Ésta es mi esposa Amalia.

AG: ¡Buenas tardes, señor Pérez! ¿Cómo está usted?

P: Muy bien, gracias.

Hello, señor Pérez. Welcome to Madrid.

Thank you.

This is my wife, Amalia.

Good evening, señor Pérez. How are you?

Fine, thanks.

Bienvenido a …	– Welcome to …
Muy bien, gracias.	– Fine, thanks.

Diálogo 2 Señora García (G), vecino (V)

V: ¡Buenos días, señora García! ¿Cómo está usted?

G: Yo estoy muy bien, gracias. ¿Y usted?

V: No muy bien. He dormido muy mal.

G: Oh, lo siento.

Good morning, señora García. How are you?

Very well, thank you.

Not so well, I'm afraid. I slept badly.

Oh, I'm sorry to hear that.

Lo siento …	I'm sorry about that …
¿Cómo está usted?	How are you? (Polite form)
¿Qué tal?	How are you? (Familiar form)

Diálogo 3   Enrique Gil (EG), Pedro Duarte (PD), señor Pérez (P)

EG: Pedro, éste es el señor Pérez.
     Señor Pérez, éste es el señor
     Duarte.
PD: ¿Cómo está usted?
P: Muy bien.

Pedro, this is señor Pérez. Señor Pérez,
this is señor Duarte.

How are you?
Fine, thanks.

¿Cómo se dice? · How to say it

1. Presentando.
How to introduce someone.

Éste es	mi	marido. hermano.
Ésta es		esposa. hermana.

Mucho gusto.

Formal introduction

Éste es		Pedro. el señor Pérez.
Ésta es	la	señorita Duarte. señora García.

Informal introduction

Éste es	Pedro.
Ésta es	Amalia.

2. Saludando.
How to greet someone.

Hola.	*Hello.*
Mucho gusto.	*Pleased to meet you.*
¿Cómo está usted?	*How are you?*
¡Hola! ¿Qué tal?	*Hello … (Formal)*
¡Buenas tardes!	*Good day!*
¡Buenos días!	*Good morning!*

19

3. Los cumpleaños.
Birthday.

¿Cuándo es	tu su	cumpleaños?

En	diciembre, febrero,	el	uno once veintiséis.

tu = *your (singular)*; **su** = *your (plural)*

 Proper names are without an article.

El	uno once veintiséis	de	diciembre. febrero.

Ejercicios • Exercises

Ejercicio 1

Escuche en el cd cómo se pronuncian los meses del año y repítalos.

Listen to the pronunciation of the months of the year and repeat them.

enero	abril	julio	octubre
febrero	mayo	agosto	noviembre
marzo	junio	septiembre	diciembre

Ejercicio 2

Escuche los números en el cd y repítalos. Primero escuchará los números
cardinales y después los números
ordinales.

*Listen to the numbers on the CD and
repeat them. First you will hear the car-
dinal and then the ordinal numbers.*

(one ...)	(first ...)		
uno	primero	dieciséis	decimosexto
dos	segundo	diecisiete	decimoséptimo
tres	tercero	dieciocho	decimoctavo
cuatro	cuarto	diecinueve	decimonoveno
cinco	quinto	veinte	vigésimo
seis	sexto	veintiuno	vigésimo primero
siete	séptimo	veintidós	vigésimo segundo
ocho	octavo	veintitrés	vigésimo tercero
nueve	noveno	veinticuatro	vigésimo cuarto
diez	décimo	veinticinco	vigésimo quinto
once	undécimo	veintiséis	vigésimo sexto
doce	duodécimo	veintisiete	vigésimo séptimo
trece	decimotercero	veintiocho	vigésimo octavo
catorce	decimocuarto	veintinueve	vigésimo noveno
quince	decimoquinto	treinta	trigésimo

Ejercicio 3

Escuche los números del año en el cd y
repítalos.

Listen to the years and repeat them.

1930, 1940, 1950, 1960, 1970, 1980,
1931, 1942, 1953, 1964, 1975, 1986,
1933, 1939, 1945, 1956, 1984, 1992.

Mil novecientos treinta, that is *thousand – nine hundred – thirty*

Ejercicio 4

Escuche la conversación del cd y conteste a las preguntas. Use la información contenida en a) y b).

*Listen to the following gap text on the
CD and answer the questions. Use the
information in a) and b).*

Información a) | **Información b)**

Carlos Tobalino | Alfredo Montoro
3.1.1951 | 29.5.1939

Recepcionista: ¡Buenos días! ¿Su apellido, por favor?
Usted: ...
Recepcionista: ¿Y su nombre?
Usted: ...
Recepcionista: ¿Fecha de nacimiento?
Usted: ...
Recepcionista: Gracias. Siéntese, por favor.

Compruebe las respuestas en
el cd.

*Check your answers using the CD for
help.*

In this unit you will learn how to

- ask about nationality.
- ask where people are from.
- make statements about the above.

Diálogos • Dialogues

Diálogo 1   Ana Roca (AR), recepcionista (R)

AR:	¡Buenas tardes!	*Hello.*
R:	¡Buenas tardes, señora!	*Hello.*
AR:	Mi nombre es Roca.	*My name is Roca.*
R:	Sí, señora. ¿Su nacionalidad, por favor?	*Yes. What is your nationality?*
AR:	Soy española.	*I'm Spanish.*
R:	Gracias, señora.	*Thank you.*

Diálogo 2   Paco López (PL), Felicidad (F)

PL:	Hola.	*Hello.*
F:	Hola.	*Hello.*
PL:	¿De dónde es usted?	*Where do you come from?*
F:	Soy de Barcelona.	*I come from Barcelona.*
PL:	¿De qué parte?	*Where exactly?*
F:	De Sarriá ¿Y usted?	*From Sarriá. And you?*
PL:	Yo del Tibidabo.	*I'm from Tibidabo.*

¿De dónde es usted?	Where do you come from?
Yo soy de …	I'm from …

Diálogo 3   Amalia Gil (AG), Pedro Duarte (PD)

AG:	Dígame, señor Duarte, ¿es usted gallego?	*Tell me, señor Duarte, are you from Galicia.*
PD:	Sí.	*Yes.*

UNIDAD 3 — Nacionalidad • Nationality

AG:	¿De qué parte de Galicia?	*Oh, and which part do you come from?*
PD:	De Santiago de Compostela.	*From Santiago de Compostela.*
AG:	¿Está al norte o al sur?	*Is that in the north or the south?*
PD:	Está al noroeste de España.	*It's in the north-east of Spain.*
AG:	Ah, sí.	*Oh, yes.*

Galicia is the region in the north-west of Spain. Santiago de Compostela is the university town of the region and a famous place of pilgrimage. Saint James is reputed to be buried there.

¿Cómo se dice? • How to say it

1. Preguntando la nacionalidad.

How to ask a person's nationality.

¿De qué nacionalidad es usted?

Yo soy	alemán.
	checoslovaco.
	húngaro.
	suizo.

¿Es usted	alemán?
	suizo?
	austriaco?

Sí.
No, yo soy ...

2. Preguntando la procedencia de alguien.

How to ask where people are from.

¿De dónde	es	usted?
¿De qué parte (de Inglaterra)		él?
		ella?

Yo soy	de	Alemania.
Él es		Austria.
Ella es		Suiza.
		Galicia.
		Santiago de Compostela.
	del	norte
		sur.

Nacionalidad · Nationality UNIDAD 3

Please note: Two vowels next to each other are difficult to say, which is why they don't say **de el norte**, but **del norte**.

yo soy	= *I am*		
tú eres	= *you are (familiar)*	**nosotros somos**	= *we are*
él es	= *he is*	**vosotros sois**	= *you are (formal)*
ella es	= *she is*	**ellos son**	= *they are*
esto es	= *it is*		

Ser y Estar

The Spanish have two verbs *to be*: **SER** and **ESTAR**. The verb **SER** is used to express identity, characteristics and continuous state. **ESTAR** describes a position and an intermittent or temporary situation.

VERBO SER	to be	VERBO ESTAR
Yo soy	*I am*	Yo estoy
Tú eres	*You are (familiar)*	Tú estás
Él es	*He is*	Él está
Usted es	*You are (formal)*	Usted está
Ella es	*She is*	Ella está
Ello es	*He is*	Ello está
Nosotros somos	*We are*	Nosotros estamos
Vosotros sois	*You are (plural)*	Vosotros estáis
Ellos son	*They are*	Ellos están

Examples:

Es un hombre.	*He is a man.* (continuous state)
Es una mesa.	*It's a table.* (identity)
La mesa **está** en la habitación.	*The table is in the room.* (position)
El hombre **está** en el bar.	*The man is in the cafe.* (temporary situation and position)
Madrid **es** una ciudad.	*Madrid is a city.* (position)
Madrid **está** en España.	*Madrid is in Spain.* (position)
La mesa **es** grande.	*The table is large.* (continuous state)
La mesa **está** sucia.	*The table is dirty.* (temporary situation and result of an action)

Nacionalidad • Nationality

 Personal pronouns (subject form) are often left out.

Examples: **tengo**   = I have
            soy español = I am Spanish

But in order to emphasise the person the personal pronoun (subject form) is used.

Examples: **yo tengo**   = I have
            yo soy   = I am

Ejercicios • Exercises

Ejercicio 1

Escuche en el cd cómo se pronuncian los nombres y repítalos.

Listen to the pronunciation of the place names on the CD and repeat them.

Barcelona	Extremadura
Salamanca	Cádiz
Madrid	Galicia
Murcia	Andalucía
Sevilla	San Sebastián

Ahora diga que usted viene de estos sitios.
Compruebe sus respuestas en el cd.

Now say that you come from these states or cities.
Check your answers with the help of the CD.

Ejercicio 2

Escuche las conversaciones en el cd.

Listen to the following gap text and model dialogue on the CD.

Hombre: Hola.
Mujer: ...
Hombre: ¿De dónde es usted?
Mujer: ...

Nacionalidad · Nationality

Hombre: ¿De qué parte?
Mujer: ...
Hombre: Hola.
Mujer: Hola.
Hombre: ¿De dónde es usted?
Mujer: Yo soy de Pamplona.
Hombre: ¿De qué parte?
Mujer: De Barañain.

Diga que usted viene de estos sitios.

Now say that you come from the following places.

Barcelona-Gracia
Madrid-Barajas
Sevilla-Barrio Alto

Compruebe sus respuestas en el cd.

Check your answers with the help of the CD.

Ejercicio 3

Usted le presenta un grupo de gente al señor Blas. Escuche este ejemplo en el cd.

You introduce señor Blas to a group of people. Listen to the model text on the CD.

Usted: Señor Blas, ésta es la señora Bauer.
Señor Blas: ¡Mucho gusto! Bienvenida a España.

Ahora usted presenta el señor Blas a todos. Aquí están sus nombres:

Now introduce the other people to señor Blas. Here are their names:

Señor Jones
Señorita Dupont
Señor Cremese
Señora van Hoof
Señor Smith
Señorita Achmatova

Compruebe sus respuestas en el cd.

Check your answers with the help of the CD.

Familia · Family

In this unit you will learn how to

- ask about family status.
- ask about a person's family.
- make statements about the above.

Diálogos · Dialogues

Diálogo 1   Felicidad (F), Paco (P)

F:	¿Eres español?	*Are you Spanish?*
P:	Sí. Soy de Barcelona. ¿Y tú?	*Yes, I am. I come from Barcelona. And you?*
F:	Yo soy española, también.	*I'm Spanish, too.*
P:	¿Estás casada, Felicidad?	*Are you married, Felicidad?*
F:	No. ¿Y tú?	*No, I'm not. And you?*
P:	Yo estoy soltero.	*I'm not married.*

> Young people of roughly the same age as well as friends and relatives, use the familiar form of the verb.

> **Yo soy española.**
>
> **¿Estás casada?**   Female adjective form.
>
> **¿Eres español?**
>
> **Yo estoy casado.**   Male adjective form.

Diálogo 2   Amalia Gil (AG), Pedro Duarte (PD)

AG:	Dígame, señor Duarte, ¿está aquí de negocios?	*Tell me, señor Duarte – are you here on business?*
PD:	Sí.	*Yes, I am.*
AG:	¿Está su esposa con usted?	*Is your wife with you?*
PD:	No, ella está en casa.	*No, my wife is at home.*
AG:	¿Tiene usted hijos?	*Have you got children?*

PD:	Sí, tengo un hijo y dos hijas. Y usted, señora Gil, ¿tiene hijos?	*Yes. I have a son and two daughters. And you, señora Gil?*
AG:	Sí, tengo una hija.	*Yes. One daughter.*

¿Cómo se dice? · How to say it

1. Preguntando si está casado.
How to ask whether someone is married.

¿Está usted casado?

Sí, estoy casado.

No, no estoy casado.

Estoy	casado.
	soltero.
	divorciado.

2. Preguntando si tiene familia.
How to ask about someone's family.

¿Tiene usted	hijos?
	hermanos?
	hermanas?

¿Cuántos	hijos	tiene?
	hermanos	
¿Cuántas	hermanas	

Yo tengo	un	hijo.
		hermano.
	una	hija.
		hermana.
Nosotros tenemos	dos	hijas.
	tres	hijos.
		hermanos.

Familia · Family

Yo no tengo Nosotros no tenemos	hermanas. hijos. hermanos.

! ●	¿Tiene usted ...? No, no tengo ... ¿Cuántos tiene ...?	*Have you got ...?* *No, I haven't (got any ...)* *How many ... have you got?*

Ejercicios · Exercises

Ejercicio 1

Escuche este diálogo en el cd.

Listen to the following dialogue on the CD.

Señora Vila:	Buenas tardes, señor Martínez. ¿Está aquí de negocios?
Señor Martínez:	Sí.
Señora Vila:	¿Está con su familia?
Señor Martínez:	No. Mi esposa está en casa con los niños.
Señora Vila:	¿Cuántos hijos tiene usted, señor Martínez?
Señor Martínez:	Tengo un hijo y una hija.

Ahora usted mantiene la misma conversación.

Now hold the same conversation.

Utilizando la información a) – c):

Use the information from a) – c):

a) El señor Pliego está aquí de vacaciones con su esposa y sus dos hijas.
b) El señor Mendoza está aquí de negocios con su esposa.
   No tienen hijos.
c) La señora Arana está aquí de negocios. Su esposo está en casa.
   No tienen hijos.

Compruebe sus respuestas en el cd.

Check your answers using the CD for help.

Familia • Family

UNIDAD 4

Ejercicio 2

Escuche la conversación del cd.

Listen to the following gap text on the CD.

Señora Sánchez:	Buenas tardes, señor Ruiz. ....?
Señor Ruiz:	Sí, estoy.
Señora Sánchez:	... ?
Señor Ruiz:	No, mi esposa está en casa cuidando a los niños.
Señora Sánchez:	...?
Señor Ruiz:	Tenemos dos hijos y una hija.

Todas las preguntas de la señora Sánchez han sido omitidas. Formúlelas usted.

All señora Sánchez's questions are missing. Ask the questions.

Compruebe sus respuestas en el cd.

Check your answers using the CD for help.

Ejercicio 3

Escuche el diálogo en el cd.

Listen to the following dialogue on the CD.

Pregunta:	¿Está usted casado?
Respuesta:	Sí.
Pregunta:	¿Tiene (usted) hijos?
Respuesta:	Sí, tengo un hijo.

Ahora usted mantiene la misma conversación. Use la información contenida en a) – d).

Now hold the same conversation. Use the information from a) – d).

a) Usted tiene un hijo y una hija.
b) Usted tiene dos hijos.
c) Usted tiene tres hijas.
d) Usted tiene tres hijas y un hijo.

Compruebe sus respuestas en el cd.

Check your answers using the CD for help.

31

De compras (1) • Shopping (1)

In this unit you will learn how to
- ask for things in shops.
- ask about prices.

Diálogos • Dialogues

Diálogo 1   Paco (P), dependiente (D)

D: ¿Qué desea?	*Can I help you?*
P: Quisiera El País, por favor.	*I'd like the El País, please.*
D: Es un euro.	*That's 1 euro.*
P: Y estas dos revistas.	*And these two magazines.*
D: Son 4 euros. Gracias.	*That's 4 euros altogether.* *Thank you.*

Diálogo 2   Felicidad (F), dependienta (D)

F: ¿Por favor?	*(Yes, please?) Can you help me, please?*
D: Diga.	*Yes. («Tell me» – literally)*
F: Quiero aspirinas y aquellas horqui-llas.	*I'd like some aspirin and and those hair-clips there, please.*
D: Son 5 euros.	*That's 5 euros.*

	This and that		
	This	**This here** **(nearby)**	**That there** **(further away)**
Masculine singular:	**este**	**ese**	**aquel**
Feminine singular:	**esta**	**esa**	**aquella**
Masculine plural:	**estos**	**esos**	**aquellos**
Feminine plural:	**estas**	**esas**	**aquellas**

Note:
Demonstrative pronouns sometimes have an accent if they stand alone:

Eg. este coche → **éste**, esta lámpara → **ésta**

De compras (1) · Shopping (1)

Diálogo 3   Enrique Gil (EG), dependiente (D)

D: ¿Qué desea?	Can I help you?
EG: Quisiera unas flores.	I'd like some flowers, please.
D: Tengo claveles muy bonitos aquí o rosas muy bellas allí.	I've got some nice carnations here, or over there I've got some beautiful roses.
EG: Cinco rosas, por favor.	I'd like five roses, please.
D: Sí, señor. ¿Algo más?	Yes, of course. Anything else?
EG: Sí. Desearía cuatro claveles también.	Yes. I'd like four carnations, too.
D: Con mucho gusto, señor. Gracias. ¿Algo más?	Of course. Anything else?
EG: No, gracias. Esto es todo. ¿Cuánto es?	No, thank you. That's all. How much is it altogether?
D: Son 6 euros.	That's 6 euros.

¿Cómo se dice? · How to say it

1. ¿Qué se dice en una tienda?
What you say, if you want something in a shop.

a) Tratando de llamar la atención del dependiente.
You want to attract the sales assistant's attention.

Puede por favor.	Naturalmente, Sí,	señor. señorita. señora.

b) **Usted quiere comprar cosas que se pueden contar.**
You want things which are countable.

Quisiera	unos (m)	sellos. mapas. libros. cigarrillos.
Quiero	unas (w)	aspirinas. flores. sandalias. postales.

c) **Usted quiere comprar cosas que no se pueden contar.**
You want things which are uncountable.

Quiero Quisiera	jabón. pasta de dientes. tabaco.

Compare

Quisiera unos sellos.
Quisiera jabón.
Quisiera unas postales.
No quiero sellos.
¿Tiene usted unas/unos ...? Yo no tengo ...
¿Tiene usted unas/unos ...?

d) **Usted quiere artículos individuales.**
You want single items.

Quiero	un	bocadillo. helado. sobre.
Quisiera	una	manzana. revista. postal.

e) Usted quiere articulos en cantidad o envasados.
You want items which you can buy in large quantities or packaged.

Quisiera	una	caña de cerveza. botella de leche. caja de cerillas.
Quiero	un	vaso de vino. paquete de sobres. kilo de plátanos.
		medio kilo de manzanas.

De – in Spanish the word *de* is placed between a measure or a packaged item.

un vaso **de** vino
medio kilo **de** manzanas

2. Cómo preguntar el precio.
How to ask about prices.

¿Cuánto es	eso? esto?

Son ...

3. Cómo decir quiero algo más o no quiero nada más.
How to say you want or don't want anything else.

¿Algo más?

Sí, me gustaría ... también. No, gracias. Esto es todo.

Grammar

Nouns are either masculine or feminine in Spanish.

Feminine nouns are, eg: **La chica** *(girl)*, **la cerveza** *(beer)*.
Masculine nouns are, eg: **El chico** *(boy)*, **el tomate** *(tomato)*.

Normally words ending in **-a** are feminine.
Normally words ending in **-o** are masculine.

De compras (1) · Shopping (1)

Articles:	Indefinite articles, (a, an), are **una** (with feminine nouns) and **un** (with masculine nouns), eg:

una chica; un chico.

Definite articles, (the), are
la (with feminine nouns)
and **el** (with masculine nouns)

la chica; la cerveza;
el chico; el tomate.

Plural forms   In Spanish there are two rules for the plural forms:

1. If the noun ends with a vowel you add an -s, eg:

   una patata – tres patatas;
   un kilo – dos kilos.

2. If the noun ends in a consonant, you add -es, eg:

   una mujer – dos mujeres;
   un hotel – cinco hoteles.

Definite articles in the plural form (the) are **las** (with feminine nouns), and **los** (with masculine nouns). The plural form of the indefinite article means *some*.

¿quiere unos tomates? – *Would you like some tomatoes?*

Ejercicios · Exercises

Ejercicio 1

Escuche en el cd cómo se pronuncian estas cosas y repítalas.

Listen to how the following words are pronounced on the CD and repeat them.

De compras (1) • Shopping (1)

unos bocadillos	*a roll (filled)*
unas flores	*flowers*
unas aspirinas	*aspirin*
unos sobres	*envelopes*
unas postales	*postcards*
unas cerillas	*matches*
unos cigarrillos	*cigarettes*
pasta de dientes	*toothpaste*
(una pastilla de) jabón	*soap*

Ahora diga que quiere estas cosas. · *Now say that you would like these things.*

Compruebe sus respuestas en el cd. · *Check your answers with the help of the CD.*

Ejercicio 2

Escuche en el cd cómo se pronuncian estas cosas y repítalas. · *Listen to how the following words are pronounced on the CD and repeat them.*

una copita de jerez	*a glass of sherry*
una botella de vino	*a bottle of wine*
un vaso de leche	*a glass of milk*
una taza de té	*a cup of tea*
una caja de bombones	*a box of chocolates*
un cartón de zumo de naranja	*a carton of orange juice*
una botella de gaseosa	*a bottle of lemonade*
un kilo de manzanas	*a kilo of apples*
medio kilo de peras	*a pound of pears*

Ahora usted quiere estas cosas. Compruebe sus respuestas en el cd. · *Now you want to have these things. Check your answers with the help of the CD.*

Ejercicio 3

Aquí se incluyen algunas cosas que usted podría necesitar como turista. Pregunte por ellas. · *Here are some things you might need as a tourist. Ask for them.*

De compras (1) • Shopping (1)

el helado	*ice-cream*
la guía	*(travel) guide*
la guía de hoteles	*hotel guide*
el peine	*comb*
el cepillo de pelo	*hairbrush*
la barra de labios	*lipstick*

Compruebe sus respuestas en el cd.

Check your answers with the help of the CD.

De compras (2) · Shopping (2) UNIDAD 6

In this unit you will learn
- further useful phrases which you need when shopping.

Diálogos · Dialogues

Diálogo 1 Señora García (G), dependienta (D)

G:	¿Tiene mantequilla?	*Have you got any butter?*
D:	Sí, está allí.	*Yes. Over there.*
G:	¿Y tiene pan integral?	*Have you got wholemeal bread?*
D:	No, lo siento. No tenemos. ¿Algo más?	*No, I'm sorry, we don't have any. Anything else?*
G:	Una docena de huevos, por favor. ¿Cuánto es?	*Yes. I'd like a dozen eggs. How much is that?*

Diálogo 2 Enrique Gil (EG), barman (B)

EG:	Una cerveza por favor.	*A beer, please.*
B:	¿Águila o San Miguel?	*Aquila or San Miguel?*
EG:	San Miguel. Y una ginebra con tónica.	*San Miguel. And a gin and tonic.*
B:	San Miguel. Una ginebra con agua tónica. Son 3 euros.	*One San Miguel, one gin and tonic. That's 3 euros.*

 Águila and **San Miguel** are two well-known Spanish beers.

Diálogo 3 Amalia Gil (AG), dependiente (D)

D:	¿Puedo ayudarle?	*Can I help you?*
AG:	No, gracias. Estoy mirando.	*No, thanks. I'm just looking.*

UNIDAD 6 — De compras (2) · Shopping (2)

Diálogo 4 — Amalia Gil (AG), empleado (E)

AG: Perdone, ¿puede decirme cuánto cuesta un sello para Alemania? — *Excuse me, can you tell me how much a stamp to Germany costs?*
E: ¿Carta o postal? — *Letter or postcard?*
AG: Carta. — *For a letter.*
E: Para Alemania, cuesta 50 céntimos. — *A letter to Germany costs 50 cents.*
AG: Deme seis sellos, por favor. — *Could you give me six stamps, please.*
E: Son 3 euros. — *That's 3 euros.*

Diálogo 5 — Paco (P), Mario (M), barman (B)

P: ¿Qué bebes? — *What are you having to drink?*
M: Un vasito de jerez. — *A glass of sherry, please.*
P: (Al barman) Dos vasitos de jerez, por favor. — *(To the barman) Two glasses of sherry, please.*
B: Son 3 euros. Muchas gracias, señor. — *That's 3 euros. Thank you very much.*
P: ¡Salud! — *Cheers!*
M: ¡A tu salud! — *Cheers!*

> If you make a toast or drink to someone's good health you often say in Spanish: …: **¡Salud!** or **¡A tu salud!**

¿Cómo se dice? · How to say it

1. Cómo decir que no desea comprar nada.
How to say that you don't want to buy anything.

Estoy mirando solamente, gracias.

2. Cómo preguntar las tarifas postales.

How to ask about postage costs.

¿Cuánto es	una carta una postal	para Alemania? para los paises de la UE? para Inglaterra?

UE = Unión Europea

¿Puede darme	un sello		para	una postal una carta	a Inglaterra?
	dos cinco	sellos	de	50 céntimos? 30 céntimos?	

Ejercicios · Exercises

Ejercicio 1

Escuche el diálogo en el cd (repítalo si quiere).

Listen to the dialogue on the CD (repeat it, if you like).

Cliente: ¿Perdone, puede ayudarme por favor?
Dependiente: Naturalmente.
Cliente: ¿Tiene tarjetas postales?
Dependiente: Sí, las encontrará allí.
Cliente: ¿Y tiene sobres?
Dependiente: No, lo siento. No tenemos.

Ahora usted toma parte en la conversación.

Now play your role in the dialogue.

Usted: …
Dependiente: Naturalmente.
Usted: …
Dependiente: Sí, las encontrará allí.
Usted: …
Dependiente: No, lo siento. No tenemos.

De compras (2) • Shopping (2)

Usted desea comprar las cosas siguientes a) – c).

You want to buy the following things a) – c).

a) pasta de dientes
   aspirinas

b) cajas de bombones
   peras

c) manzanas
   flores

Ejercicio 2

Usted quiere pedir las siguientes bebidas en un bar.

You want to order the following drinks in a restaurant.

cerveza – un vaso
ginebra con tónica – un vaso
cava – una botella
Coca-Cola
zumo de naranja
Cubalibre
sangría – un vaso
anís – una copita

Compruebe sus respuestas en el cd.

Compare your answers with those on the CD.

Cubalibre Coca-Cola with rum; very refreshing!
Sangría is cold red wine with fruit.
Anís is aniseed liqueur; very popular in Spain.
Una copita = *a small glass* or *small glass of something.*

Lugares • Places

In this unit you will learn how to

- talk about places.
- ask where places are.
- ask the way.
- recommend a place.

Diálogos • Dialogues

Diálogo 1   Mario (M), una chica (C)

M: Hola. ¿De dónde eres?	*Hello. Where are you from?*
C: Yo soy de Málaga.	*I come from Málaga.*
M: ¿Dónde está?	*Where is that?*
C: Está en Andalucía.	*In Andalusia.*
M: Andalucía está en el sur de España, ¿no es verdad?	*Andalusia is in the south of Spain, isn't it?*
C: Sí.	*Yes.*
M: ¿Y cómo es?	*What is it like there?*
C: Pues, está al lado del mar y tiene unos alrededores muy bonitos. Es encantadora. Tienes que ir.	*Well, it's by the sea and has beautiful surroundings. It is wonderful. You should go there.*
M: ¿Qué tal el tiempo?	*What is the weather like?*
C: Generalmente hace buen tiempo. ¿Eres de Madrid?	*It's usually good. Are you from Madrid?*
M: Sí, de la Plaza Mayor.	*Yes. I live at Plaza Mayor.*
C: ¿Dónde está la Plaza Mayor?	*Where is Plaza Mayor?*
M: Está en el centro de Madrid.	*In the centre of Madrid.*
C: ¿Y cómo es?	*What is it like there?*
M: Es una plaza preciosa. Está en el casco antiguo.	*It's a very nice square in the old part of the city.*

¿No es verdad?

Vosotros sois de América, ¿no es verdad?   *... isn't it?/ ... aren't you?/ etc.*
(As question tags).
Es bonito, ¿no es verdad?

Lugares • Places

Diálogo 2   Señora García (G), Enrique Gil (EG)

G: Usted es de Barcelona, ¿no es verdad, señor Gil?	*You're from Barcelona, aren't you, señor Gil?*
EG: Sí.	*Yes, I am.*
G: Creo que es una ciudad muy bella.	*I've heard it's a beautiful city.*
EG: Sí, es muy bonita.	*Yes, it's very beautiful.*
G: Tiene una catedral muy interesante, si me acuerdo bien.	*There is an interesting cathedral there, if I remember rightly.*
EG: Sí, la Sagrada Familia.	*Yes. The Sagrada Familia.*
G: ¿Hace buen tiempo en esta época del año?	*Is the weather good at this time of year?*
EG: Sí, en primavera es estupendo. Tiene usted que ir.	*Yes. It's wonderful in spring. You ought to go there.*
G: Me gustaría mucho.	*I'd love to.*

¿Cómo se dice? • How to say it

1. Preguntando por lugares.

How to ask where a place is.

¿Dónde está	la Giralda? la Sagrada Familia?

Está	cerca de	Hamburgo. Madrid. Londres. la sierra.
	en	Sevilla. la costa. Barcelona. Cuenca.

2. Cómo describir una región.

How to describe a place.

¿Y cómo es?
¿Cómo es el campo?

Es	bonito. hermoso. llano. montañoso. arbolado.	

bonito	*pretty*
hermoso	*beautiful*
llano	*flat*
montañoso	*mountainous*
arbolado	*wooded*

| Hay | una | iglesia bonita.
catedral preciosa.
cascada maravillosa. | = *wonderful cathedral*
= *a fantastic waterfall* |
| | un | palacio antiguo.
museo interesante.
paseo arbolado. | = *a shady avenue* |

Hay	un	parque. río.
	una	playa. casa.
	unos	parques. ríos.
	unas	playas. casas.

3. Cómo preguntar por el clima.
How to ask about the weather.

¿Qué tiempo hace?
¿Hace buen tiempo?

| Hace | frío
calor | en | primavera.
verano.
otoño. | **[la] primavera** *spring*
[el] verano *summer*
[el] otoño *autumn* |
| Llueve | | | invierno. | **[el] invierno** *winter* |

| Hay mucha | nieve | en | invierno. | **nieve** *snow* |
| Llueve mucho | | | verano. | **lluvia** *rain* |

Lugares • Places

Ejercicios • Exercises

Ejercicio 1

La señora García está muy interesada
en España.
Conteste a sus preguntas.

*Señora García is very interested in
Spain.*
Answer her questions.

Ejemplo: ¿Dónde está Santander?
Santander está en el norte de España.

1. Me han dicho que usted es de Santiago de Compostela. ¿Dónde está?
2. ¿Dónde está Jerez?
3. Me han dicho que usted es de Bilbao. ¿Dónde está?
4. ¿Dónde está Madrid?
5. Me han dicho que usted es de Málaga. ¿Dónde está?
6. ¿Dónde está Elche?
7. Me han dicho que usted es de Badajoz. ¿Dónde está?
8. ¿Dónde está Granada?

Ejercicio 2

Diga dónde están estos lugares.

Say where the following places are.

Ejemplo: ¿Dónde está La Coruña?
La Coruña no está lejos de Santiago de Compostela.

1. ¿Dónde está Huelva?
2. ¿Dónde está Pamplona?
3. ¿Dónde está Castro del Río?
4. ¿Dónde está Pontevedra?
5. ¿Dónde está Guadalajara?
6. ¿Dónde está Oviedo?
7. ¿Dónde está Ciudad Rodrigo?
8. ¿Dónde está Sagunto?

Ejercicio 3

Escuche este diálogo en el cd.   *Listen to this dialogue on the CD.*

Una americana:	¿Dónde está Sevilla?
Señor García:	Está en el sur de España, cerca del río Guadalquivir.
Una americana:	¿Y cómo es?
Señor García:	Tiene una hermosa catedral. Usted tiene que ir.
Una americana:	Mmm. Quizás voy un día.

Ahora usted mantiene la misma conversación o una parecida con una americana, teniendo en cuenta que usted ha visitado estos lugares.

Now hold the same or a similar conversation with an American woman. Imagine you have already visited the following places.

1. Santiago de Compostela/el noroeste/el río Sar/una catedral muy antigua.

2. Barcelona/el este/un museo muy interesante de las pinturas de Picasso.

3. Granada/el sur/un lugar muy histórico/la Alhambra/la sierra Nevada.

4. Salamanca/una ciudad universitaria/la más antigua universidad de España.

5. Toledo/el centro/el río Tajo/donde El Greco vivió y pintó sus retratos más famosos.

6. Marbella/el sur/un lugar muy popular para los turistas/el mar Mediterráneo/playas bonitas.

Indicaciones · Asking the Way

In this unit you will learn how to

- ask the way.
- ask whether particular facilities are nearby.
- ask how far away they are.

Diálogos · Dialogues

Diálogo 1   Señora García (G), Paco (P)

G: Por favor. ¿Hay servicios cerca de aquí?   *Excuse me, could you help me, please? Is there a toilet near here?*

P: Sí. Están allí.   *Yes, there's one over there.*

Expressions for toilets:

Ladies = Señoras.   *Gentlemen* = Hombres.
Damas.   Caballeros.

Lavabos.
Servicios.

Diálogo 2   Ana Roca (AR), Paco (P)

AR: Por favor, ¿hay una cabina telefónica cerca de aquí?   *Excuse me, is there a telephone box near here?*

P: Sí. Siga todo recto. A la derecha hay una cabina telefónica.   *Yes, there is. Go straight on. There is a telephone box on the right.*

AR: ¿Está lejos?   *Is it far?*

P: A 200 metros de aquí.   *About 200 metres.*

AR: Muchas gracias.   *Thank you very much.*

Diálogo 3   Amalia Gil (AG), Paco (P)

AG: Por favor, ¿hay una farmacia cerca de aquí?   *Excuse me, is there a chemist's near here?*

P: Sí. La primera calle a la izquierda. Enfrente del cine.   *Yes, there is. (Take the) first street on the left.*

AG: Gracias.   *Thank you.*

Indicaciones · Asking the Way UNIDAD 8

Diálogo 4   Enrique Gil (EG), Paco (P)

EG: Por favor, ¿hay una estación de metro cerca de aquí?	*Excuse me, is there an underground station near here?*
P: Sí. Todo seguido a la izquierda.	*Yes, there is. Just go straight on. It's on your left.*
EG: Gracias.	*Thanks.*

Diálogo 5   Enrique Gil (EG), una mujer (M)

EG: Por favor, ¿dónde está la Avenida de San Antonio?	*Excuse me, where is the Avenida de San Antonio?*
M: Lo siento. No lo sé. No soy de aquí.	*Sorry. I don't know. I'm a stranger here, too.*

Diálogo 6   Paco (P), una mujer (M)

M: Por favor, ¿dónde está correos?	*Excuse me, could you tell me the way to the post office, please?*
P: Todo seguido hasta el semáforo. A la vuelta está la calle Condal. Está al lado del teatro.	*Yes. Walk straight on until you get to the traffic lights. On the corner is the calle Condal. It is next to the theatre.*
M: ¿Está lejos?	*How far is it?*
P: A 500 metros de aquí.	*About 500 metres.*
M: Gracias.	*Thanks.*

¿Cómo se dice? · How to say it

1. Preguntando si está cerca.
How to ask whether something is nearby.

¿Hay	una	cabina telefónica	cerca de aquí?
	un	quiosco banco	
¿Está	(una)	(oficina de) correos	

49

2. Preguntando cómo se va.

How to ask the way.

¿Puede decirme si está cerca de aquí	el Albergue de Juventud? el teatro? la estación? correos? el metro? el banco?
¿Puede decirme si están cerca de aquí	los servicios?

3. Preguntando dónde está algo.

How to ask where something is.

¿Puede decirme dónde está	la	calle de Toledo? Avenida de San Antonio? clínica?

Todo seguido Todo recto	hasta	a esquina. el puente. el semáforo.

Tome la	primera segunda tercera	calle a la	izquierda. derecha.

Está	al lado enfrente	de correos. de la librería. del cine.
	a la	izquierda. derecha.
	allí. todo seguido.	

4. Preguntando si está lejos.

How to ask how far away something is.

¿Está lejos	el banco? correos?

A unos	200 metros. 500 metros.
	cinco minutos. diez minutos.

Ejercicios • Exercises

Ejercicio 1

Escuche este diálogo en el cd.   *Listen to the dialogue on the CD.*

Enrique: Estoy seguro de que correos está cerca de aquí.
Esposa: ¡Enrique, nos hemos perdido! Voy a preguntar a alguien.
            Por favor, ¿dónde está correos?

Imagínese que usted está con Enrique. Haga las preguntas necesarias para encontrar estos lugares.

Imagine you are with Enrique. Ask the right questions to find out where the following buildings and places are.

1. el banco
2. la oficina de objetos perdidos
3. el teatro
4. la estación
5. la oficina de turismo
6. el puente

Ejercicio 2

El señor y la señora Díaz están visitando Madrid por primera vez y tienen dificultades.
Escuche el diálogo en el cd.

Señor and Señora Díaz are visiting Madrid for the first time. They have problems. Listen to the dialogue on the CD.

Señora Díaz: ¡Ay! Tenemos que encontrar los servicios.
Señor Díaz: Voy a preguntar a alguien. Perdone, ¿hay servicios cerca de aquí?

Imagínese que usted es el señor Díaz. Pregunte por los sitios que usted busca.

Imagine you are señor Díaz. Ask about the places you are looking for.

Señor Díaz:
1. Tenemos que encontrar correos.
2. Tenemos que encontrar la parada de autobús.
3. Tenemos que encontrar un banco.
4. Tenemos que encontrar una estación de metro.

Ejercicio 3

Aquí hay varias respuestas. Léalas y trate de contestar a las preguntas que se hacen. Después escuche la conversación en el cd.

Here are some answers. Read them and find out what the questions are. Then listen to the dialogues on the CD.

1. A: ...
   B: ¿Una cabina telefónica? Lo siento. Soy forastera.

2. A: ...
   B: ¿El Monumental? Sí. Cruce el puente y todo seguido.

3. A: ...
   B: Sí. Hay una parada de autobús en Tancredo.

4. A: ...
   B: ¿El Albergue de Juventud? Sí, está en Moncloa.

5. A: ...
   B: Creo que hay una farmacia en la calle Parlamento.

6. A: ...
   B: Sí. Todo seguido y la segunda a la derecha. Allí está la Gran Vía.

Pedir permiso · Permission 9

In this unit you will learn how to
- ask permission.
- react to wishes.
- ask whether something is allowed.

Diálogos · Dialogues

Diálogo 1   Enrique Gil (EG), policía (P)

EG:	Por favor. (En voz más alta) Por favor.	*Excuse me. (Louder) Excuse me!*
P:	Sí.	*Yes?*
EG:	¿Puedo aparcar aquí?	*Can I park here?*
P:	No, señor. No está permitido aparcar aquí.	*No. You aren't allowed to park here.*
EG:	¿Puedo aparcar allí?	*Can I park over there?*
P:	No está permitido aparcar allí tampoco.	*You aren't allowed to park over there either.*
EG:	¡Esto es absolutamente imposible!	*That's impossible!*

Not allowed: **No está permitido …**   **fumar.**
                                               esperar.
                                               tocar.

Diálogo 2   Felicidad (F), un vecino (V)

F:	(Llamando a la puerta de su vecino) Señor Sánchez.	*(Knocks on a neighbour's door) Señor Sánchez.*
V:	Hola, Felicidad. ¿Qué pasa?	*Hello, Felicidad. What's up?*
F:	Mire, tengo un pinchazo.	*Look, I've got a flat tyre.*
V:	Ya lo veo.	*I can see that!*
F:	¿Puede prestarme su bicicleta, por favor? Voy a llegar tarde al trabajo.	*Could you lend me your bike? I'll be late for work.*
V:	Por supuesto.	*Of course.*
F:	¿Puede prestarme el faro de la bicicleta también?	*Could you lend me your lights, too?*
V:	Sí, naturalmente. Aquí tiene.	*Sure. Here they are.*
F:	Muchas gracias.	*Thanks a lot.*

Pedir permiso · Permission

Diálogo 3   Señora García (G), una vecina (V)

G: ¡Señora Castillo! ¡Hola, señora Castillo!	*Señora Castillo! Hello, señora Castillo!*
V: Hola. ¿Es usted, señora García?	*Hello. Is that you, señora García?*
G: Sí. ¿Puede prestarme un poco de azúcar, por favor?	*Yes, it is. Could you lend me some sugar, please?*
V: Sí, por supuesto. Un momento. (Va a buscar el azúcar.)	*Yes, of course. Just a moment. (Goes and fetches sugar.)*
G: Muchas gracias. Es usted muy amable.	*Thank you very, very much. That's very nice of you.*

Diálogo 4   esposa joven (E), marido joven (M)

E: ¿Puedes prestarme el coche hoy, cariño?	*Can you lend me your car, darling?*
M: No, lo siento.	*No, sorry.*
E: (Incrédula) ¿No puedes?	*(Unbelievingly) You can't?*
M: No. No puedo.	*No, I can't.*
E: ¡Qué malo eres! ¿Entonces puedes prestarme dinero para un taxi?	*You monster! Can you give me the money for a taxi, then?*
M: No. No tengo dinero. (Pensándolo bien) Bueno, toma el coche si quieres.	*No, I can't. I haven't got any cash. (After he reconsiders) Take the car, if you want.*
E: No, no importa. Voy a ir a pie.	*No, it doesn't matter! I'll walk.*
M: Lo siento. Perdóname.	*Sorry. Please forgive me.*
E: ¡No! ¡No te perdono! (Se va – dando un portazo.)	*No, I won't forgive you. (Goes out, slamming the door.)*
M: ¡Demonios!	*Oh, damn!*

!		
	¿Puedes prestarme el coche hoy?	– *Can you lend me your car today?*
	¿Puedes prestarme dinero entonces?	– *Could you lend me some money, then?*
	Puedes tomar el coche, si quieres.	– *All right. You can have the car if you want.*

Diálogo 5   Paco (P), Mario (M)

Mario se hospeda en casa de Paco. Mario quiere reanudar una vieja amistad.	*Mario is visiting Paco. He wants to revive their old friendship.*

M: Paco, ¿puedo usar tu teléfono por favor?

Paco, can I use your phone please?

P: Por supuesto que sí.

Yes, sure.

M: Gracias. (Descuelga el teléfono y marca el numéro.) Hola. Soy Mario Lamas de Valencia.
(Pausa)
¿Puedo ir a verte?

Thanks. (Lifts the receiver and dials.) Hello. It's Mario Lamas from Valencia here.
(Pause.)
Can I come and visit you? (Can I come and see you?)

(Pausa)
¿Esta noche?
(Pausa)
¿A las ocho?
(Pausa)
Gracias. Adiós. (Cuelga el teléfono.) Paco, era Ana. Tengo una cita con ella esta noche.

(Pause.)
This evening?
(Pause.)
Can I come around 8 o'clock?
(Pause.)
Thanks. Goodbye. (Replaces receiver.) Paco, that was Ana. I've got a date for this evening.

P: ¡Qué suerte tienes!

Lucky you!

M: ¿Puedo tomar una ducha por favor?

Could I take a shower?

P: Claro que sí. El cuarto de baño está allí.

Yes, of course. The bathroom is over there.

---

	una ducha	=	*shower (to take a shower).*
Tomar	**un taxi**	=	*to take a taxi.*
	el avión	=	*fly (to take a plane).*

Pedir permiso · Permission

¿Cómo se dice? · How to say it

1. Cómo pedir y dar permiso.
How to ask and give permission.

		el coche? la silla?
¿Me permite ¿Puedo	usar tomar ver	la bicicleta? el impermeable? el periódico? la maquinilla de afeitar?

Puedo ...?

means, as in English, both *Can I ...* and *May I ...*

	sentarme ir	con usted?
¿Puedo ¿Me permite		
	acompañarle?	

Sí, claro que puede.	*(absolute agreement)*
Sí, por supuesto que sí.	
Naturalmente.	*(neutral agreement)*
No, lo siento mucho.	*(neutral negation)*
No, lo siento. No puede.	
Ciertamente, no.	*(absolute negation)*

Ejercicios · Exercises

Ejercicio 1

Permiso para pedir prestadas las cosas siguientes.

Ask someone to lend you the following things.

Ejemplo: ¿Me puede prestar su bicicleta?

bicicleta
periódico
impermeable
maquinilla de afeitar

Ejercicio 2

Escuche las preguntas en el cd.
Alguien quiere pedirle prestadas ciertas cosas. Diga la verdad. Trate de ser amable si puede. Aquí le indicamos algunas expresiones que puede usar:

Listen to the questions on the CD. Someone will ask you whether they can borrow various things. Answer honestly. Be polite – if you can. Here are some expressions you can use:

Sí, claro.
Sí, vale.
Naturalmente.
Por supuesto.
No, lo siento mucho.
No, lo siento. No puedo.
No, lo siento.
No puedo.
Ciertamente no.

Ahora conteste a las preguntas.

Now answer the questions.

1. ¿Puede prestarme su bicicleta?
2. ¿Puede prestarme su peine?
3. ¿Puede prestarme su cepillo de pelo?
4. ¿Puede prestarme su pasta de dientes?
5. ¿Puede prestarme su cepillo de dientes?
6. ¿Puede prestarme su coche?
7. ¿Puede prestarme sus pantalones?
8. ¿Puede prestarme su pluma?

De viaje • Travel

In this unit you will learn how to

- say where you want to travel.
- buy tickets for various methods of public transport.
- order a taxi.

Diálogos • Dialogues

Diálogo 1   Señora García (G), empleado (E)

G:	Un billete para Atocha, por favor. ¿Cuánto es?	*One single ticket to Atocha, please. How much is it?*
E:	Son 50 céntimos. (Da el billete.)	*50 cents. (Hands over the ticket.)*
G:	Gracias.	*Thank you.*

Diálogo 2   Ana Roca (AR), empleado (E)

AR:	Un billete de ida y vuelta para Barajas, por favor. ¿Cuánto es?	*A return ticket to Barajas, please. How much is it?*
E:	Son 2 euros. (Da el billete.)	*2 euros. (Hands over the ticket.)*
AR:	Gracias.	*Thanks.*

Diálogo 3   Felicidad (F), conductor (C)

F:	Sol, por favor.	*Sol, please.*
C:	50 céntimos. (Da el billete.)	*50 cents. (Hands over the ticket.)*
F:	Gracias.	*Thanks.*

 Sol is an underground station and bus-stop in Madrid.

Diálogo 4   Mario (M), conductor (C)

M:	Dos para el Prado, por favor.	Two to the Prado, please.
C:	1 euro.	1 euro.
M:	¿Puede decirnos dónde debemos apearnos, por favor?	Could you tell us when we have to get off?
C:	Bien.	All right.
M:	Gracias.	Thanks.

 Both the cities, Madrid and Barcelona have an underground. In these cities there is a single price for both buses and the underground.
Because of this, it is not important to name your destination.

Diálogo 5   Amalia Gil (AG), taxista (T)

AG:	(Telefoneando) Hola. Quiero un taxi, por favor.	(On the telephone) Hello. I'd like to order a taxi, please.
T:	¿Su dirección?	What's your address?
AG:	Mi dirección es Avenida de San Antonio 31.	My address is Avenida de San Antonio 31.
T:	¿Para dónde?	Where to?
AG:	Para la estación, por favor. En seguida.	To the station, please. Straight away.
T:	El taxi llegará en diez minutos.	The taxi will be be there in 10 minutes.
AG:	Gracias. Adiós.	Thank you. Goodbye.

Diálogo 6   Ana Roca (AR), empleado de Turismo (ET)

AR:	Quiero un vuelo para Ginebra.	I'd like to fly to Geneva.
ET:	Sí.	Yes.
AR:	¿Cuándo sale el próximo vuelo?	When is the next flight?
ET:	El próximo vuelo sale a las 16.15 y llega a las 18.40.	The next flight is at 16.15 and arrives at 18.40.
AR:	Una reserva en ése, por favor.	Please book me on that one.
ET:	¿De ida o de ida y vuelta?	One way or return?
AR:	De ida.	One way.
ET:	¿Clase turista?	Tourist class?
AR:	No, primera clase.	No, first class.

De viaje • Travel

ET:	Un momento. Voy a comprobar. Sí, está bien. Son 380 euros.
AR:	Voy a escribir un cheque. Aquí está mi tarjeta de crédito.
ET:	Gracias.
AR:	¿A qué hora hay que facturar el equipaje?
ET:	Antes de las 15.30.
AR:	¿Y el número de vuelo?
ET:	IB 149.
AR:	Gracias.

Just a moment. I'll check whether that's okay. Yes. Okay. That's 380 euros.
I'll write you a cheque. Here is my cheque card.
Thanks.
What time do I have to check in my luggage?
Check-in deadline is 15.30 at the latest.
And the flight number?
IB 149.
Thank you.

¿Cómo se dice? • How to say it

1. Diciendo dónde quiere ir.

How to say where you want to travel.

Yo quiero	ir volar	a	Londres. Barcelona. Berlín.

2. Cómo comprar un billete.

How to buy a ticket.

a) En un autobús o en el metro.

On the bus or at an underground station.

Sol, Alcalá, Barajas,	por favor.

Dos Tres	a	Sol Alcalá	por favor.

De viaje • Travel

b) **En la estación.**
At the station.

Un	billete	sencillo de ida de ida y vuelta	a	Sevilla. Cuenca.
Dos Tres	billetes	sencillos de ida y vuelta	a	Valencia.

Ejercicios • Exercises

Ejercicio 1

Imagínese que usted debe viajar a Sevilla porque quiere ir a vivir allí. Usted necesita un billete de ida.

Imagine that you want to go to Seville because you would like to live there. That's why you only need a single ticket.

Usted dice:

Quiero un billete de ida a Sevilla, por favor.

Imagínese que usted quiere visitar Bilbao para asistir a una conferencia. Usted necesita un billete de ida y vuelta.

Imagine you have to go to a conference in Bilbao. That's why you need a return ticket.

Usted dice:

Quiero un billete de ida y vuelta a Bilbao, por favor.

¿Qué dice esta gente?

What are these people saying?

1. El señor Arana va a vivir en Sevilla.
2. La señora Puentes va a visitar Bilbao.
3. Los señores Dávila van a vivir en Lleida.
4. El señor Campos y su secretaria van a visitar Málaga.
5. El señor Dávila va a vivir en La Coruña.
6. Los señores Díaz van a visitar Toledo.
7. La señora Blanco y su hija van a visitar Santander.
8. Los señores Macías van a vivir en Ibiza.
9. La señorita Castro va a visitar Tarragona.
10. Los señores Tapias van a vivir en Benidorm.

De viaje • Travel

Ejercicio 2

Escuche la conversación siguiente en el cd.	*Listen to the following dialogue on the CD.*

Conductor: ¡Agárrense bien!
Señora: Prado, por favor.
Conductor: 50 céntimos.
Señora: ¿Puede decirme dónde debo apearme, por favor?
Conductor: Bien.
Señora: Gracias.

Imagine que usted quiere ir a estos sitios. ¿Cómo lo dice?	*Imagine you want to travel to the following destinations. What do you say?*

1. Alcalá
2. Palacio Real
3. Gran Vía
4. Delicias
5. Oriente

¡Compruebe sus respuestas en el cd!	*Check your answers using the CD for help.*

Ejercicio 3

Usted quiere un vuelo para Hamburgo. La empleada le hace unas preguntas. Escuche las preguntas en el cd y contéstelas según las informaciones añadidas. Lea y escuche el diálogo siguiente.	*You want to fly to Hamburg. The travel agent asks you some questions. Listen to the gap dialogue on the CD and answer the questions according to the information given below. Listen to and read the following model dialogue.*

Empleada: Diga, señor. ¿Qué desea?
Usted: Quiero un vuelo para Hamburgo. ¿Cuándo es el próximo vuelo?
Empleada: El próximo vuelo sale a las 08.20 y llega a las 12.20.
Usted: Una reserva en éste, por favor.
Empleada: ¿De ida o de ida y vuelta?
Usted: De ida.

De viaje • Travel

Empleada: ¿De primera clase o de clase turista?
Usted: Turista, por favor. ¿Qué número es el vuelo?
Empleada: Iberia 481.
Usted: Gracias.

1. Iberia 481

Salida: Madrid 8.20
Llegada: Hamburgo 12.20
Ida
Clase turista

2. Iberia 423

Salida: Madrid 9.50
Llegada: Múnich 12.15
Ida y vuelta
Primera clase

3. Iberia 451

Salida: Madrid 11.15
Llegada: Leipzig 1.30
Ida
Clase turista

La lengua • **Language Problems**

In this unit you will learn how to

- say that you haven't understood something.
- ask for the meaning and translation of words and phrases.
- ask someone to repeat a statement.

Diálogos • Dialogues

Diálogo 1　　Amalia Gil (AG), un extranjero (E)

AG: ¿Puede prestarme su bolígrafo, por favor?	*Could I borrow your «boligrafo», please?*
E: Perdone. No comprendo bolígrafo. ¿Qué es un bolígrafo?	*Sorry. I don't understand «boligrafo». What's a «boligrafo»?*
AG: Es algo para escribir. ¿Puede prestármelo, por favor?	*A «boligrafo» is a pen. Can I borrow it, please?*
E: ¡Ah!, ahora comprendo. Naturalmente.	*Oh, now I understand. Yes, of course.*

Diálogo 2　　Amalia Gil (AG), un extranjero (E)

AG: ¿Puede poner la «tele» por favor?	*Could you switch on the «tele», please?*
E: Perdone. No la comprendo. Por favor, repítalo otra vez.	*I'm afraid I don't understand you. Could you please repeat it?*
AG: ¿Puede poner la «tele», por favor? «Tele» significa televisión.	*Could you switch on the «tele», please? «tele» means TV.*
E: ¿Esto es la «tele»? ¡Ah! Sí.	*Oh, I understand.*

Diálogo 3　　Amalia Gil (AG), un extranjero (E)

AG: ¿Qué tal una taza de té?	*¿Que tal una taza de te?*
E: ¿Perdón?	*Pardon?*
AG: ¿Qué tal una taza de té?	*¿Que tal una taza de te?*
E: Por favor, dígalo despacio.	*Please say that slowly.*
AG: ¿Qué – tal – una – taza – de – té?	*¿Que – tal – una – taza – de – te?*
E: ¿Qué significa «qué tal»?	*What does «que tal» mean?*
AG: Significa: «¿le gusta o quiere?».	*It means: «Would you like?»*
E: ¡Ah! Comprendo. No, gracias.	*Oh, I understand. No, thanks.*

La lengua • Language Problems

UNIDAD 11

Diálogo 4 — Amalia Gil (AG), un extranjero (E)

E: Perdóneme, Amalia. ¿Cómo se llama ésto en español?
AG: Son zapatillas.
E: ¿Y cómo se llama eso?
AG: Son pantalones. Nosotros decimos «un par de pantalones».

Excuse me, Amalia. What do you call these in Spanish?
They're «zapatillas».
And what do you call those?
That's «un par de pantalones». We say «un par de pantalones».

Diálogo 5 — Amalia Gil (AG), un extranjero (E)

E: (Señalando hacia un anuncio de cerveza San Miguel) ¿Cómo se pronuncia esa palabra?
AG: Se pronuncia: San Miguel. Ahora dígala usted.
E: San Miguel.
AG: Correcto. Muy bien.

(Pointing to an advertisement for «cerveza San Miguel») How do you pronounce this word?
It's pronounced like this: San Miguel. Try and say it.
San Miguel.
That's right. Very good.

¿Cómo se dice? • How to say it

1. Cómo decir que no comprende.
How to say that you don't understand anything.

¿Perdón?

Lo siento. Perdone.	No comprendo	esto. bolígrafo.
No le comprendo		a usted.

– *I don't understand you.*

2. Cómo decir que repita.
How to ask someone to repeat something.

Por favor,	dígalo		despacio.
	repita	eso	más claramente.

¿Le importa	repetir deletrear	eso?
	decirlo otra vez?	

¿Le importa?	Would/Could you please ...?
No importa.	That doesn't matter.
Esto importa mucho.	That's very important.
Importar.	To be important.

3. Preguntando cómo se llaman las cosas.

How to ask what things are called.

¿Cómo	se llama	esto eso	en español?
	se llaman	aquellos	

Eso se llama ...
That's called ...
Aquellos se llaman ...
Those are called ...

4. Preguntando por la traducción.

How to ask for a translation.

¿Cómo	se dice	palabra eso un bolígrafo	en español?

En español es ...
In Spanish it's ...

5. Preguntando el significado.

How to ask about what something means.

¿Qué significa ¿Puede explicar ¿Le importa explicar	«tele»?

«Tele» significa televisón.
«Tele» means TV.

La lengua • Language Problems

6. Preguntando acerca de las lenguas.

How to ask about someone's knowledge of a foreign language.

¿Habla usted	alemán? español?

Sí, hablo … *Yes, I speak …*
No. No hablo … *No, I don't speak …*

Yo	hablo no hablo	español (muy bien).

Ejercicios • Exercises

Ejercicio 1

Cómo encontrar el error.

How to recognize a mistake.

Alguien habla con usted

en argot	poco claro	demasiado rápido
(in slang)	*(unclear)*	*(too fast)*

Usted dice: no comprendo

deletree	repita	repita
o repita	más despacio	más claro
(spell, repeat)	*(slower repetition)*	*(clearer repetition)*

Usted puede usar estas expresiones:

You can use the following expressions:

Perdón, no comprendo.
Lo siento, no comprendo lo que dice.
Por favor, repita de nuevo.
¿Puede deletrearlo?
Por favor, dígalo más despacio.
¿Puede repetirlo un poco más claro?

Ahora escuche en el cd y decida lo que
quiere decir.

*Now listen to the CD and decide what
you want to say.*

Compruebe sus respuestas en el cd.

*Listen to the answers on the CD and
compare them.*

La lengua • Language Problems

Ejercicio 2

Escuche el cd. Cada frase tiene una palabra o una abreviación que usted no comprende. Pida por una explicación.

Listen to the CD. In each sentence there is a word or abbreviation which you may not understand. Ask what they mean.

Ejemplo: A: Peña es un diputado a Cortes ¿no es verdad?
B: Lo siento, no comprendo. ¿Puede explicar esta expresión?
A: Diputado a Cortes significa un miembro del Parlamento.

Escuche el cd. Decida qué va usted a decir.

Now listen to the CD and decide what you want to say.

SEAT   – Sociedad Española de Automóviles de Turismo.
ICONA   – Instituto para la Conservación de la Naturaleza.
RENFE   – Red Nacional de Ferrocarriles Españoles.
AMAPA   – Asociación Murciana de Agrupaciones de Productos Agrícolas.

Ejercicio 3

Ordene las siguientes oraciones según el ejemplo. Después escuche las conversaciones en el cd.

Put the following sentences in the right order as in the example. Afterwards listen to the conversations on the CD.

Ejemplo:
A: Perdone. No comprendo bolígrafo. ¿Qué es un bolígrafo?
B: Un bolígrafo es algo para escribir.

A: Perdone, ¿cómo se llama esto en español?

B: RENFE significa Red Nacional de Ferrocarriles Españoles.

A: Perdone, ¿qué significa SEAT? ¿Puede explicar esta expresión?

B: Son zapatillas.

A: Perdone, no comprendo «tele». ¿Qué significa «tele»?

B: Son churros.

A: Perdone, ¿no comprendo «qué tal una taza de té?». ¿Qué significa «qué tal»?

B: Significa: «¿le gusta o quiere?».

A: Perdone, ¿cómo se llama esto en español?

B: «Tele» significa televisión.

B: Son pantalones. Decimos un par de pantalones.

A: Perdone, ¿cómo se llama esto en español?

B: SEAT significa Sociedad Española de Automóviles de Turismo.

A: Perdone, ¿qué significa RENFE? ¿Puede explicar esta expresión?

B: Es una biquiera de agua.

Profesión • Jobs

In this unit you will learn how to
- talk about jobs.
- ask where someone works and what their job is.

Diálogos • Dialogues

Diálogo 1   Antonio (A), Margarita (M)

A:	¿En qué trabaja?	*What do you do?*
M:	Soy secretaria.	*I'm a secretary.*
A:	¿Dónde trabaja?	*Where do you work?*
M:	Trabajo en la ciudad para un arqui-tecto.	*I work for an architect in the city.*
A:	¿Es un trabajo fijo o temporal?	*Is it a permanent or temporary job?*
M:	Es fijo.	*A permanent one.*
A:	¿Le gusta?	*Do you enjoy it?*
M:	Sí. Me gusta mucho. Es muy inte-resante.	*Yes. I like it a lot. It's very interesting.*

Diálogo 2   Antonio (A), Ana Roca (AR)

A:	Así que usted es actriz, ¿no?	*Well, so you're an actress?*
AR:	Sí.	*Yes, I am.*
A:	¿Y qué hace su hermana?	*What does your sister do?*
AR:	Mi hermana es bailarina.	*She's a dancer.*
A:	¡Ah! ustedes dos son artistas.	*Oh, so you're both artists.*
AR:	Sí, pero mi hermana trabaja sólo temporalmente.	*Yes, but my sister only works part-time.*
A:	¿Le gusta su trabajo?	*Does she enjoy her work?*
AR:	¡Oh! sí, mucho.	*Oh yes, very much.*

Diálogo 3   Juan (J), Cristina (C)

J:	¿Eres camarera aquí?	*Are you a waitress here?*
C:	Sí, lo soy. ¿Y tú qué haces?	*Yes, that's right. What do you do?*
J:	Yo soy portero.	*I'm a porter.*
C:	¡Ah!, sí. ¿Dónde trabajas?	*Oh, yes. Where do you work?*

J:	En el Hotel Vista, al otro lado de la calle.	*At the Hotel Vista on the other side of the street.*
C:	¿Te gusta tu trabajo?	*Do you enjoy your work?*
J:	Está bien, pero pagan mal.	*It's okay, but the pay isn't so good.*
C:	Sí, aquí pagan muy mal.	*Yes. The pay here isn't so good either.*

¿Cómo se dice? • How to say it

1. Preguntando a alguien en qué trabaja.

How to ask someone what their job is.

¿En qué trabaja?	Yo soy	secretaria. actriz. barman. hombre de negocios. ingeniero.

¿Qué hace	el señor Rovira? José? su hermana? Cristina?

Él es	un hombre de negocios. arquitecto.
Ella es	actriz. bailarina. camarera.

¿Es	usted él Jorge	electricista? estudiante?
	ella María	camarera? actriz? bailarina?

Sí, yo soy ...
  Yes, I'm a/an ...

No, no soy..., yo soy ...
  No, I'm not a/an ...; I'm a/an ...

Profesión · Jobs

Spanish nouns are either masculine (m) or feminine (f).
Nouns ending in -**o** are masculine (**la radio** and **la mano** are exceptions);
Nouns ending in -**a** are feminine.

Masculine nouns			Feminine nouns		
un banco	=	*a bank*	**una habitación**	=	*a flat*
un hotel	=	*a hotel*	**una actriz**	=	*an actress*
un hombre	=	*a man*	**una secretaria**	=	*a sectretary*
un ingeniero	=	*an engineer*	**una bailarina**	=	*a dancer*

The definite article is **el** for masculine and **la** for feminine nouns.

el libro	=	*the book*	**la mujer**	=	*the woman*
el banco	=	*the bank*	**la secretaria**	=	*the secretary*

The plural form of the definite article is **los** with masculine and **las** with feminine nouns. The plural form of the noun is -**s** if a noun ends with a vowel, and -**es**, if it ends with a consonant.

el vino – los vinos	=	*wines*	**la revista – las revistas**	=	*magazines*
la mujer – las mujeres	=	*women*			

2. Preguntando a alguien dónde trabaja.

How to ask where someone works.

¿Dónde trabaja	usted?
	él?
	ella?
	María?
	Jorge?

Yo trabajo		en «El Corte Inglés».
		en «Telefónica».
Él	trabaja	en el teatro.
		en el Hotel Vista.
Ella		en casa.
		para un arquitecto.

3. Preguntando a alguien si le gusta el trabajo.

How to ask whether someone enjoys their work.

¿Le gusta	a	usted	
		él	
		ella	

Me gusta mucho.
Es muy interesante.

Profesión • Jobs

4. ¿Verdad? = Isn't it?

Hace sol, ¿verdad? = The sun is shining, isn't it?

Personal pronouns

me	*me, to me*
te	*you, to you (informal)*
le	*you, to you (polite form); also him, to him; her, to her*
la	*her (feminine)*
lo	*him (masculine)*
nos	*us*
os	*you (plural, informal)*
les	*you, to you (polite form, plural)*
las	*them (masculine)*
los	*them (feminine)*

Please note! Personal pronouns usually come before the verb.

Me gusta … Te gusta …?
Me gusta mi trabajo. Le gusta su trabajo?
Sí, me gusta/No, no me gusta.
Le gusta su trabajo. Le gusta su trabajo?
Si, le gusta/No, no le gusta.
Le gusta su trabajo. Le gusta su trabajo?
Si, a ella le gusta su trabajo. No, a ella no le gusta su trabajo.

Ejercicios • Exercises

Ejercicio 1

Diga que usted trabaja en las siguientes compañías.

Say that you work for the following firms.

Ejemplo: Yo trabajo para la Seat.

1.	Corte Inglés (el)		6.	Zara (la)
2.	IBEX (la)		7.	Banco Santander (el)
3.	CAMPSA (la)		8.	Día (el)
4.	Croem (la)		9.	Iberia (la)
5.	Majorica (la)			

Profesión • Jobs

Ejercicio 2

Aquí tiene una lista de trabajos.
Escuche en el cd cómo se pronuncian
y repítalos.

*Here is a list of different jobs. Listen to
the pronunciation on the CD and repeat.*

actor	*actor*	ama de casa	*housewife*
actriz	*actress*	mecánico	*mechanic*
arquitecto	*architect*	enfermera	*nurse*
conductor de autobús	*bus driver*	policía	*policeman/-woman*
hombre de negocios	*businessman*	dependiente(a)	*sales assistant*
		estudiante	*student*
empleado	*employee*	director de pompas fúnebres	*undertaker*
doctor	*doctor*		
conductor	*driver*	camarero	*waiter*
ingeniero	*engineer*	camarera	*waitress*

Ejercicio 3

Ahora diga que usted trabaja en una de
estas profesiones.

*Now say that you do one of the
following jobs.*

Yo soy ...
Yo soy ...

1. un hombre de negocios
2. camarera
3. estudiante
4. ingeniero
5. electricista
6. maestra
7. arquitecto
8. actriz
9. cartero
10. ama de casa
11. director de pompas fúnebres
12. mecanógrafa

Alojamiento • At Home

In this unit you will learn how to

- talk about your home.
- ask where someone lives.
- ask how long someone lives somewhere.
- give the corresponding information.

Diálogos • Dialogues

Diálogo 1   Ana Roca (AR), Antonio (A)

A:	¿Dónde vive?	*Where do you live?*
AR:	En el centro de Sevilla.	*In the city centre of Seville.*
A:	Ah, sí. ¿Vive en una casa o en un piso?	*I see. Do you live in a house or a flat?*
AR:	En un piso. En un edificio grande.	*In a flat. In a large house.*
A:	¿Cuántas habitaciones hay?	*How many rooms have you got?*
AR:	Hay seis.	*I've got six.*
A:	Mmm. Es grande. ¿Cuánto tiempo hace que vive allí?	*Mmm. That's big. How long have you been living there?*
AR:	Diez años.	*Ten years.*

Diálogo 2   Ana Roca (AR), Antonio (A)

AR:	¿Dónde se hospeda?	*Where are you staying?*
A:	En Sevilla.	*In Seville.*
AR:	¿En una pensión?	*Are you at a guest house?*
A:	No, estoy en un hotel.	*No, I'm staying at a hotel.*
AR:	Espero que esté bien situado.	*I hope that it's in a nice area.*
A:	Oh, sí. Está cerca de la estación.	*Oh, yes. It's near the station.*
AR:	Eso es muy práctico.	*That's convenient.*
A:	Sí, lo es.	*Yes. It's very convenient.*
AR:	¿Cuánto tiempo hace que está allí?	*How long have you been there?*
A:	Una semana.	*A week.*

Alojamiento • At Home

Diálogo 3 Señora García (G), un joven (J)

G:	¿Dónde vives?	*Where do you live?*	
J:	Vivo en una casa en el Paralelo.	*I live in a house in Paralelo.*	
G:	¿La alquilas?	*Rented?*	
J:	No, solamente alquilo una habita-ción.	*No, I just rent one room.*	
G:	¿Cuánto tiempo hace que vives allí?	*How long have you been living there?*	
J:	Unas seis semanas.	*For about six weeks.*	

¿Dónde vive?	–	*Where do you live (for a longer time)*
¿Dónde se hospeda?	–	*Where are you staying? (for a shorter time)*

¿Cómo se dice? • How to say it

1. Preguntando a alguien dónde vive.
How to ask where someone lives.

a) permanentemente
for a longer time (regularly).

¿Dónde vive	usted? Juan? María?	Yo vivo Él vive Ella vive	en	Londres. el centro de Sevilla. Stuttgart.

b) temporalmente
at the moment (not for a long time).

¿Dónde se hospeda	usted? él? ella?	Yo estoy Él está Ella está	en un hotel. en Sevilla. con amigos.

Alojamiento · At Home

UNIDAD 13

2. Preguntando a alguien qué tipo de alojamiento tiene.

How to ask what sort of flat someone has.

Sí, vivo.
No, yo vivo en …

¿Vive	usted él ella	en una casa? en un piso?

Yo	tengo alquilo	un piso.
Él Ella	tiene alquila	una casa. una habitación.

3. Preguntando cuánto tiempo hace qué vive en este alojamiento.

How to to ask how long someone has been living in their present flat.

¿Cuánto tiempo hace que vive allí?

Desde hace	2 años. 10 meses. 3 semanas. 6 días.

Ejercicios · Exercises

Ejercicio 1

A continuación proponemos una lista con varios tipos de alojamiento. Escuche en el cd cómo se pronuncian y repítalos.

Below is a list of various types of accommodation. Listen to the way they are pronounced on the CD and repeat them.

casa	*house*	**chalet**	*detatched house*
casita de campo	*small house*	**piso**	*flat*
habitación	*room*		

Ahora mire la información siguiente.	*Look at the information below.*

    El señor Santos – casita de campo   Los señores Molinos – piso
    La señora Barrios – chalet   Juana – habitación

Use esta lista y pregunte a toda esta gente.	*Use the list and ask the people where they live.*

    ¿Vive usted en …?

Asuma el papel de todos y conteste con: «Sí, yo vivo» o «No, yo vivo en …»	*Now give the answers for these people.*

    Ejemplo: Señor Santos, ¿vive (usted) en una casita de campo?
                  Sí, vivo en una casita de campo.

Ejercicio 2

¿Se acuerda usted de estas expresiones? También están en el cd.	*Do you remember these sentences? They are on the CD.*

¿Dónde vive usted?	*Where do you live?*
¿Qué tipo de casa tiene usted?	*What sort of house have you got?*
¿Vive solo/a?	*Do you live alone?*
¿Cuánto tiempo hace que vive allí?	*Have long have you been living there?*
Espero que esté bien situado.	*I hope it's in a nice area.*

Ahora imagínese que usted está hablando a una de estas personas. Represente los dos papeles y use las expresiones dadas anteriormente. Si necesita ayuda, escuche las respuestas en el cd.	*Now imagine you are talking to the following people. Take both roles and use the sentences listed above. If you need help, listen to the answers on the CD.*

a) El señor Peña vive desde hace diez años en una casa grande en Sarriá.

b) Ángela Choto vive sola desde hace tres meses en una habitación en el Paralelo.

c) Juan Pinto ha compartido un piso con un amigo durante seis semanas en Málaga. No es muy conveniente porque no hay estación ni parada de autobús cerca.

Ejercicio 3

Enrique está hablando a una compañera de trabajo y le está preguntando acerca de su alojamiento. ¿Puede adivinar las preguntas de Enrique? Escuche en el cd y represente la parte de Enrique.

Enrique is talking to a colleague and asks her where she lives. Can you find out the questions he asks?
Listen to the CD and speak Enrique's part.

Compañera:	Hola.
Enrique:	…?
Compañera:	En Lleida.
Enrique:	…?
Compañera:	No, vivo en un piso.
Enrique:	…?
Compañera:	Ah sí, está cerca de las tiendas.
Enrique:	…?
Compañera:	Tres semanas.

Compruebe sus respuestas en el cd.

Check your answers using the CD for help.

Dentro de la casa • In the House

In this unit you will learn how to
* talk about flats and houses.

Diálogos • Dialogues

Diálogo 1   Señora García (G), Leonor (L)

G:	Me gusta su casa. ¿Es ésta la sala de estar?	*I like your house. Is this the living room?*
L:	Sí.	*Yes, it is.*
G:	Mmm. Es muy bonita.	*Mmm. It's very nice.*
L:	El comedor está abajo y la cocina también.	*The dining room is on the ground floor and the kitchen is down there, too.*
G:	¿Y arriba?	*And upstairs?*
L:	Hay tres dormitorios y el baño.	*There are three bedrooms and a bathroom.*
G:	¿Dónde está el lavabo?	*Where is the toilet?*
L:	Arriba.	*Upstairs.*
G:	¿Hay jardín?	*Have you got a garden?*
L:	Sí, hay un jardín pequeño detrás.	*Yes. There's a little garden behind the house.*

Diálogo 2   Felicidad (F), Margarita (M)

F:	Margarita, dime. ¿Cómo es la casa de María?	*Hey, Margaret. What is María's house like?*
M:	Es fantástica.	*It's fantastic.*
F:	¿De verdad? ¿Por qué?	*Really? Why?*
M:	Es una casa enorme.	*It's a big house.*
F:	¿Dónde está?	*Where?*
M:	En el campo.	*In the country.*
F:	¿Cuántas habitaciones hay?	*How many rooms are there?*
M:	Hay cinco dormitorios arriba y abajo hay una gran sala de estar y un comedor.	*On the top floor there are five bedrooms and on the ground floor there is a large living room. And a dining room.*
F:	¿Eso es todo?	*Is that all?*
M:	No, hay un jardín enorme, también.	*No, there's a big garden as well.*

Dentro de la casa • In the House

Diálogo 3 Felicidad (F), un joven (J)

F: ¿Tienes un piso?	*Have you got a flat?*
J: Sí, alquilo un piso en Tolosa.	*Yes, I rent a flat in Tolosa.*
F: ¿Y cómo es?	*What is it like?*
J: Bueno, está en la planta baja.	*Mmm. It's on the ground floor.*
F: ¿Cuántas habitaciones tiene?	*How many rooms are there?*
J: Hay tres habitaciones.	*I've got three rooms.*
F: ¿Amueblado?	*Furnished?*
J: Oh sí, amueblado.	*Oh yes, furnished.*

¿Cómo se dice? • How to say it

1. Preguntando por la descripción del alojamiento.

How to ask for a description of a flat.

¿Cómo	es son	la casa el piso la habitación los dormitorios	de	María? Juan? la señora García?

Es grande. Es bonita/o.
Están amueblados. Son preciosos.

Es una casa Es un piso Es una habitación	fantástica. bonito. grande. estupenda.

¿Cómo	es? son?

¿Dónde	está el ...? están los ...?

La cocina El lavabo La sala de estar	está	arriba. abajo. delante de ... detrás de ... en la planta baja.

81

Dentro de la casa • In the House

2. Preguntando el número de habitaciones.

How to ask how many rooms there are.

¿Cuántas	habitaciones	hay?
¿Cuántos	dormitorios	

Hay	solamente uno/una.
	dos.
	tres.
	cuatro.

¿Hay una/un ...? – Sí, hay.
No, no hay ...

Hay	una	habitación(es).
	dos	sala(s) de estar.
	tres	dormitorio(s).
	cuatro	baño(s).
		lavabo(s).

Ejercicios • Exercises

Ejercicio 1

Imagínese que las casas de abajo le pertenecen a usted. Conteste a las preguntas siguientes.

Imagine that the houses listed below belong to you. Answer the following questions.

1. ¿Hay una cocina?
2. ¿Hay un baño?
3. ¿Hay un lavabo?
4. ¿Hay una sala de estar?
5. ¿Hay un dormitorio?
6. ¿Hay un ascensor?
7. ¿Hay un garaje?
8. ¿Hay un jardín?
9. ¿Hay un comedor?

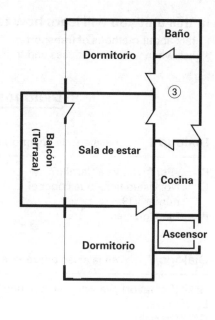
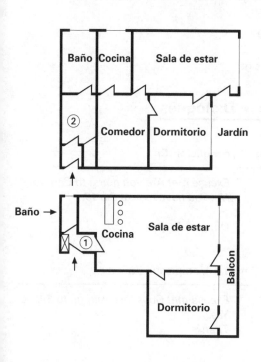

Ejercicio 2

Imagínese que las casas de arriba son suyas. Haga una completa descripción de cada una de ellas, e indique cada habitación.

Si necesita ayuda, escuche la primera descripción contenida en el cd.

Imagine that the houses above belong to you. Describe them exactly by saying which rooms there are.

If you need help, listen to the first description on the CD.

Ejercicio 3

Describa su casa.

Describe your own home.

Tren y autobús • Trains and Buses

In this unit you will learn how to

- talk about methods of transport.
- ask when and where buses and trains go.

Diálogos • Dialogues

Diálogo 1   pasajero de un autobús (P), conductor (C)

P: ¿Por favor, va a Carrillo?	*Excuse me! Are you going to Carrillo?*
C: No. Usted tiene que coger el número 19.	*No. You have to take the 19.*
P: Bien, gracias.	*Oh, yes. Thanks.*

Diálogo 2   en la estación: señora García (G), empleado (E)

G: ¡Por favor! ¿Va este tren a Bilbao?	*Excuse me! Does this train go to Bilbao?*
E: Sí, va.	*Yes.*
G: Gracias.	*Thanks.*

Diálogo 3   Ana Roca (AR), empleado (E)

E: ¿Qué desea?	*Can I help you?*
AR: Quiero ir a Oviedo.	*I'd like to go to Oviedo.*
E: ¿Cuándo quiere ir?	*When do you want to go?*
AR: Mañana por la mañana.	*Tomorrow morning.*
E: Hay un tren a las 9.35.	*There's a train at 9.35.*
AR: ¿A qué hora llega?	*When does it arrive?*
E: Llega a las 4.20. Tiene que hacer transbordo en Burgos.	*It arrives at 4.20. You have to change in Burgos.*

Diálogo 4   Paco (P), empleado (E)

P: Buenas tardes. Quiero ir a Sitges.	*Hello. I'd like to go to Sitges.*
E: ¿Dónde?	*Where?*
P: Sitges.	*Sitges.*

Tren y autobús • Trains and Buses

E:	El tren para Sitges sale a las 5.40 y llega a Sitges a las 6.50.	*The train to Sitges leaves at 5.40 and arrives at 6.50 in Sitges.*
P:	Gracias.	*Thank you.*

Diálogo 5 Amalia Gil (AG), empleado (E)

AG:	¿Hay un tren para Segovia esta mañana?	*Is there a train to Segovia this morning?*
E:	8.10. Llega a Segovia: 8.55.	*At 8.10. Arrival Segovia: 8.55.*
AG:	¿Hay uno un poco más tarde?	*Is there one a little later?*
E:	10.25 Llega a Segovia: 11.05.	*At 10.25. Arrival Segovia: 11.05.*
AG:	¿Hay alguno entremedio?	*Is there one in between?*
E:	No, no hay nada más.	*No, there's no other one.*

¿Cómo se dice? • How to say it

1. Preguntando adónde va el autobús/tren.
How to ask where a bus/train goes to.

¿Va	este tren	al	centro de la ciudad?
	este autobús	a	Málaga?
	el 33	a la	Gran Vía?

Por favor. ¿Qué autobús/tren va a … ?

2. Preguntando por la salida y la llegada.
How to ask about departure and arrival times.

¿A qué hora	sale? llega? llega allí?		Sale Llega Llega allí	a las …

¿A qué hora es el próximo tren para	Girona? Urgell? Sevilla?	Hay un tren a …

Tren y autobús • Trains and Buses

3. Preguntando si hay que hacer transbordo.

How to ask whether you have to change trains.

¿Tengo que hacer transbordo? –   Cambie en Oviedo.
                                 No, es directo.

Ejercicios • Exercises

Ejercicio 1

Usted quiere saber a qué hora salen los autobuses o trenes para estos sitios. ¿Qué pregunta usted?

You want to know when the next bus or train goes to these places. What do you ask?

tren	–	Córdoba	autobús	–	Jerez
tren	–	Salamanca	tren	–	La Coruña
tren	–	Sevilla	tren	–	Toledo
autobús	–	Reus			

Ejercicio 2

¿Cuántas frases puede usted hacer?   *How many sentences can you make?*

	al	centro de la ciudad?
¿Va usted ¿Va este tren ¿Va este autobús	a	Málaga? Marbella? Campos?
	a la	Gran Vía?

Ejercicio 3

Imagínese que usted es un turista en Madrid. ¿Qué dice usted en estas situaciones?

Imagine you are a tourist in Madrid. What do you ask in the following situations?

a) Usted está en la parada del autobús número 33.
   Usted quiere ir a la Plaza de España.

b) Usted está en un autobús y quiere ir a la Plaza Mayor.

c) Usted cree que el número 23 va a Rosales.

d) ¿Es el número 13 el que va al Parque del Retiro?

Escuche esto • Just listen!

On CD 4 there are some plays which will help you to understand Spanish. You probably won't understand everything in the beginning. That is not necessary. First of all it is important to take in some important information. Listen to parts 1 and 2 of the first play as often as you need to answer the questions (in English).

Escena uno

No usted de nuevo

Sección uno

1. ¿Dónde está Andrés?
   Where is Andrés?

2. ¿Qué quiere Andrés?
   What does Andrés want?

3. ¿Quiere primera o segunda clase?
   Does he want first or second class?

Sección dos

1. ¿Dónde quiere ir Merete?
   Where does Merete want to travel?

2. ¿Merete, prefiere fumador o no fumador?
   Does she prefer smoker or non-smoker?

3. ¿A qué hora llega el tren a Sevilla?
   When does the train arrive in Seville?

4. ¿Tiene que hacer trasbordo?
   Does she have to change trains?

Trato con la gente • People

In this unit you will learn how to

- express your regret and apologise to aquaintances.
- express thanks.
- express sympathy.
- describe people and relationships.

Diálogos • Dialogues

Diálogo 1   Felicidad (F), Paco (P)

F: Ay, lo siento. No puedo bailar más.
Oh, I'm sorry. I can't dance any more.

P: Está bien. No tienes por qué disculparte. Yo también estoy cansado.
That's all right. Don't apologise. I'm tired, too.

F: Vamos a beber algo.
Let's have a drink.

P: Sí, qué buena idea. ¿Qué quieres tomar?
Yes, that's a good idea. What would you like?

F: Quiero una Coca-Cola.
I'd like a Coke (Coca Cola).

P: Bueno, voy a buscar dos Coca-Colas.
Okay, I'll get two Cokes (Coca Colas).

(Pausa)
(Pause.)

F: ¿Quién es aquella chica?
Who is that girl over there?

P: Es Isabel. Es la novia de Tomás.
That's Isabel. She's Tomás' girlfriend.

F: ¿De verdad? ¿Es Tomás amigo tuyo?
Really? Is Tomás a friend of yours?

P: Sí, es amigo mio.
Yes, he's a friend of mine.

F: Es muy guapo, ¿no crees?
He's good-looking, isn't he.

P: (Malhumurado) Francamente, no lo sé.
(Angrily) I really don't know!

Diálogo 2   Constanza (C), Leonor (L)

L: Siento mucho lo de Beni.
I was very sorry to hear about Beni.

C: Francamente, no sé que voy a hacer sin él.
I don't know what I'll do without him.

L: Era un maravilloso amigo tuyo, ¿no es verdad?
He was a wonderful friend to you, wasn't he?

C: Oh, sí lo fue.
Oh yes, he was.

L: ¿Cuántos años tenía?
How old was he?

C:	No era muy viejo, sabes. Solamente 12 años.	He wasn't very old, you know. Only 12 years old.
L:	Es una buena edad para un perro ¿no es así?	That's a good age for a dog, isn't it?
C:	Sí, supongo que sí.	Yes, I suppose so.

¿Cómo se dice? • How to say it

1. Pidiendo disculpas a los amigos.

How to apologise to friends.

Lo siento. Lo siento mucho. Realmente lo siento		No bailo muy bien. Estoy cansada. acerca de la comida.
Lo siento tanto		llegar tarde.

2. Cómo dar las gracias.

How to say thank you.

Muchas gracias.
Es usted muy amable.

3. Cómo expresar condolencias a un amigo.

How to express sympathy to a friend.

Siento mucho lo	de	Tomás. tu padre. tu esposa.
	del señor Sánchez.	

4. Preguntando los nombres.

How to ask about names.

¿Qué ¿Quién	es	eso?	
		la otra	chica?
		el otro	chico?

Eso Su nombre	es	…

5. Preguntando por la relación entre personas.
How to ask about people's relationship to each other.

¿Quién es Elena Manso?

¿Es	Alicia	tu su	amiga?
	Emilio	su	amigo?

Alicia Ella	es	mi tu su	amiga. mejor amiga.
Emilio Él			amigo. mejor amigo.

Possessive pronouns

Singular Forms

mi: mi amigo *my friend*

tu: tu camisa *your shirt (familiar)*

su: su padre *his father*
su madre *his mother*

su: su mujer *your wife*
(polite form)
su madre *her mother*

nuestro: nuestro coche
our car

nuestra: nuestra casa
our house

vuestro: vuestro libro
your book (plural)

vuestra: vuestra amiga
your girlfriend (plural)

Plural Forms

mis: mis amigos *my friends*

tus: tus zapatos *your shoes*
(familiar)

sus: sus padres *(his parents)*

sus: sus chicos *your children*
(polite form)
her children

nuestros: nuestros padres
our parents

nuestras: nuestras bicicletas
our bikes

vuestros: vuestros hermanos
your sisters (plural)

vuestras: vuestras gafas de sol
your sunglasses (plural)

¿Son Pilar y Alicia tus amigas?
¿Es Tomás tu amigo?

Alberto Él	es	mi amigo. tu amigo. su amigo.
Elena	es	su amiga.

¿Es	Emilio	el amigo	de tu madre?
	Alicia	la amiga	

Alicia Ella	es	la hermana la hija la amiga íntima	de	María. Federico. Ramón Blanco. Elena Manso.
Alberto Él		el colega el auxiliar el jefe el hermano el hijo		

!

The verb: to be

Present Tense	Past Tense
Yo soy	**Yo fui**
Tú eres	**Tú fuiste**
Él es	**Él fue**
Ella es **Ello es** **Usted es**	**Ella fue** **Ello fue** **Usted fue**
Nosotros somos **Vosotros sois** **Ellos son**	**Nosotros fuimos** **Vosotros fuisteis** **Ellos fueron**
Ellas son **Ustedes son**	**Ellas fueron** **Ustedes fueron**

Trato con la gente • People

Ejercicios • Exercises

Ejercicio 1

Aquí tiene una lista de actividades que puede hacer en su tiempo libre. Escuche en el cd cómo se pronuncian y repítalas.

Here is a list of activities which you can do in your free time. Listen to how they are pronounced on the CD and repeat them.

bailar	*dancing*
nadar	*swimming*
montar en bicicleta	*cycling*
conducir	*driving (car)*
escribir a máquina	*typing*
jugar al tenis	*playing tennis*
jugar al fútbol	*playing football*
tocar la guitarra	*playing the guitar*
tocar el piano	*playing the piano*

Aquí tiene algunos ejemplos de pedir disculpas. Están en el cd, también.

Here are some ways of apologising. They are also on the CD.

Lo siento mucho.
Discúlpeme.
Perdóneme.
De verdad lo siento.

Ahora discúlpese por no poder hacer las actividades de arriba.

Now apologise for not being able to do the activities listed above.

Ejercicio 2

Estos son los miembros de una familia. Escuche en el cd cómo se pronuncian y repítalos.

These are the members of a family. Listen to the pronunciation of the words on the CD and repeat them.

marido – esposa/mujer	*husband – wife*
padre – madre	*father – mother*
abuelo – abuela	*grandfather – grandmother*
hijo – hija	*son – daughter*
hermano – hermana	*brother – sister*
nieto – nieta	*grandson – granddaughter*

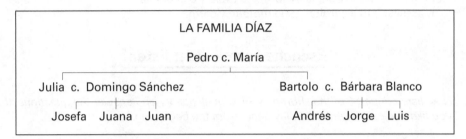

LA FAMILIA DÍAZ

Pedro c. María

Julia c. Domingo Sánchez   Bartolo c. Bárbara Blanco

Josefa   Juana   Juan   Andrés   Jorge   Luis

Mire este árbol genealógico y conteste a estas preguntas.

Look at this family tree and answer the following questions.

1. ¿Quién es Josefa?
2. ¿Quién es Andrés?
3. ¿Quién es Domingo?
4. ¿Quién es Bárbara Blanco?
5. ¿Quién es María?
6. ¿Quién es Bartolo?
7. ¿Quién es Juana?

Ejercicio 3

Aquí hay unas expresiones para describir a la gente. Están en el cd también.

Here are some expressions you can use to describe people. They are also on the CD.

atractiva/atractivo – guapa/guapo	*attractive – pretty – good-looking*
alta/alto – baja/bajo	*tall – short*
morena/moreno – rubia/rubio	*dark hair – light (blonde) hair*
pelo rizado – pelo corto – pelo largo	*curly hair – short hair – long hair*
delgada/delgado – obesa/obeso	*slim – fat – plump*
– gorda/gordo – gordita/gordito	

93

Trato con la gente • People

Ahora describa a la gente siguiente.

Anita: 50 – muy atractiva – pelo corto y rizado.
Luis: 40 – bastante alto.
Isabel: 20 – no muy alta – pelo moreno – muy bonita.
Cristóbal: 18 – pelo largo – muy guapo.
Pedro: 30 – bastante bajo – pelo rubio y con bigote.
Manuela: 16 – gordita – pelo moreno y corto.

Escuche esto • Just listen!

Now listen to part 3 of the short play. First of all just try and answer the questions. If you like you can listen to the play again from the beginning.

Escena uno

No usted de nuevo
Sección tres

1. ¿Es Merete española?
   Is Merete Spanish?

2. ¿Dónde están los jardines del Tívoli?
   Where is the Tivoli?

3. ¿Es Merete secretaria?
   Is Merete a secretary?

4. ¿Es Andrés de Escandinavia?
   Is Andrés from Scandinavia?

5. ¿Está Andrés interesado en la conservación de los monumentos antiguos?
   Is Andrés interested in the preservation of ancient buildings?

Pasatiempos y gustos • Hobbies

In this unit you will learn how to:
* talk about your interests.
* talk about your likes and dislikes.

Diálogos • Dialogues

Diálogo 1   Ana Roca (AR), Antonio (A)

A: ¿Qué piso tan precioso tienes!	*What a beautiful flat you have!*
AR: Es bonito, ¿verdad?	*It is nice, isn't it?*
A: ¡Eso es lo que se llama un aparta- mento!	*It's a real appartment.*
AR: Gracias.	*Thank you.*
A: Ya veo que estás interesada en el ballet. (Señalando) ¿De quién es la fotografía?	*You're interested in ballet I see. (Points to the picture.) Who's this a photo of?*
AR: Es Margot Fonteyn.	*It's Margot Fonteyn.*
A: ¿Y quién es aquél?	*And who's that?*
AR: Es Rodolfo Nureyev. Me interesa mucho el ballet. Y colecciono foto- grafías de los bailarines del ballet. ¿Estás tú interesado en el ballet, Antonio?	*That's Rudolf Nurejew. I'm very inter- ested in ballet. I collect photos of ballet dancers. Are you interested in ballet, Antonio?*
A: No, lo siento.	*No, I'm afraid not.*
AR: ¿Tienes algún hobby?	*Have you got a hobby?*
A: Sí. Pescar es mi pasatiempo favo- rito.	*Yes. A special hobby of mine is fishing.*
AR: (Secamente) Qué bien.	*(Dryly) How nice.*

Diálogo 2   Felicidad (F), Paco (P)

F: ¿Te interesan los idiomas, Paco?	*Are you interested in languages, Paco?*
P: Sí, estoy muy interesado en el italiano.	*Yes, I'm very interested in Italian.*
F: ¿Por qué?	*Why?*
P: Me gusta la comida italiana y estoy interesado en coches italianos.	*I like eating Italian food. And I'm inter- ested in Italian cars.*
F: ¿Tienes uno?	*Have you got one?*
P: Sí, tengo un Fiat viejo.	*Yes, I've got an old Fiat.*

Pasatiempos y gustos · Hobbies

Adjectives

Adjectives match the gender and number of their nouns. They normally stand in front of the nouns that they describe.

Examples for word order:
    la comida *italiana*
    coches *italianos*
    un Fiat *viejo*

If an adjective ends in the letter -**o** it has four different forms.

For example:
caro	= *expensive*
un vino caro	= *an expensive wine*
una pensión cara	= *an expensive guest house*
vinos caros	= *expensive wines*
flores caras	= *expensive flowers*

Diálogo 3   Señora García (G), su hijo (H)

G:	¡Dios mío, qué calor!	*Good God, it's hot!*
H:	Sí, de verdad que hace calor.	*Yes, you're right.*
G:	Tengo sed.	*I'm thirsty.*
H:	Yo también. Te gustaría tomar algo, mamá?	*Me, too. Would you like something to drink, Mum?*
G:	Ya sabes que me gusta el té.	*You know I like tea.*
H:	No hay té aquí, mamá. ¿Te gustaría tomar una cerveza?	*There isn't any tea here, Mum. Would you like a beer?*
G:	Oh no, no me gusta la cerveza.	*Oh no, I don't like beer.*
H:	¿Quieres vino, mamá?	*Would you like wine?*
G:	No, no me gusta el vino tampoco. ¿Puedo tomar un zumo de naranja?	*No, I don't like wine, either. Can I have an orange juice?*
H:	Yo también. Vamos a tomar un zumo de naranja.	*Me, too. We'll have orange juice.*
A:	A Tizón le gusta la leche.	*Tizón likes milk.*
H:	No hay leche aquí, mamá.	*They don't have milk here, Mum.*
G:	Bueno, entonces agua.	*All right. Water then.*
H:	Sí claro, agua para el perro.	*Of course, water for the dog.*

Pasatiempos y gustos · Hobbies UNIDAD 17

¿Cómo se dice? · How to say it

1. Preguntando cuáles son sus pasatiempos.

How to ask someone about their interests.

¿Está	interesado / interesada	en	los idiomas? bailar? la música? andar? el ballet?	Sí, lo estoy. No, no lo estoy. No, lo siento. No lo estoy.

Yo (no) estoy Él (no) está Ella (no) está	(muy)	interesado / interesada	en	la fotografía. la pintura. los naipes. el teatro. los países extranjeros. los coches.

¿Cuál es su hobby?

¿Es tu	(de ti)		pintar?
¿Es su	(de él)	hobby	leer?
¿Es su	(de ella)		la música folclórica?

La música folclórica Leer Pintar	es no es	el hobby favorito	de ellos. mío.

2. Preguntando si gustan o no gustan algunas comidas.

How to ask someone what food they like or don't like.

¿Le gusta	el té? el pollo? la carne?	Sí, me gusta. No, no me gusta.

Pasatiempos y gustos • Hobbies

¿Qué comida le gusta?	Me gusta	la comida italiana. la carne. el pescado. la fruta.
	No me gustan	las legumbres.
	No bebo	té. cerveza. alcohol.

3. Cómo ofrecer comida y bebida.

How to offer someone something to eat or drink.

¿Te gustaría tomar	un un poco un un	té? de pastel? whisky? helado?	Sí, me gustaría tomar ... No, gracias.

¿Qué te gustaría	comer? beber?		Me gustaría	un ... unos ...

Ejercicios • Exercises

Ejercicio 1

Aquí tiene una lista de hobbys interesantes. Escuche en el cd cómo se pronuncian.

Here is a list of interesting hobbies. Listen to the way they are pronounced on the CD.

JUAN	BLAS	JACINTA	JUANA
leer	conducir	cantar	ir de excursión
montar a caballo	aficionado al teatro	tocar la guitarra	jugar al tenis
nadar	cocinar	bailar	pescar

Ahora diga en que están interesados Juan, Blas, Jacinta y Juana.

Now say what interests Juan, Blas, Jacinta and Juana have got.

Ejercicio 2

Blas está lleno de energía. Le gusta estar al aire libre. A Petra no le gusta estar afuera; ella prefiere los hobbys que se pueden hacer dentro. Un reportero les está entrevistando.

Blas is very energetic. He likes being outside in the fresh air. Petra is not so keen on going out. She prefers hobbies which you can do at home. A reporter asks them questions.

Escoja la parte de Blas o de Petra y conteste las preguntas. Compruebe sus respuestas en el cd.

Play Blas and Petra's roles, and answer the questions. Check your answers using the CD for help.

Blas, ¿estás interesado en viajar?
Petra, ¿estás interesada en leer?
Blas, ¿estás interesado en los naipes?
Petra, ¿estás interesada en la pintura?
Blas, ¿estás interesado en el teatro?
Petra, ¿estás interesada en el canto?
Blas, ¿estás interesado en la cocina?
Petra, ¿estás interesada en la pesca?
Blas, ¿estás interesado en montar a caballo?

Ejercicio 3

A veces es necesario decir que no le gusta cierto tipo de comida. Es importante decirlo amablemente. Mire y escuche los ejemplos de abajo.

Sometimes it is necessary to say that you don't like a particular meal or food. It is important to do this politely. Look at and listen to the examples listed below.

A: ¿Le gusta el pescado?
B: No, no me gusta el pescado.
A: ¿Le gusta el pollo?
B: No, lo siento. No puedo comer pollo.
A: ¿Le gusta el queso?
B: Sí, me gusta mucho el queso.

Pasatiempos y gustos • Hobbies

Imagínese que usted es un vegetariano muy estricto y también abstenio, pero le gusta todo lo demás. Conteste a las preguntas que proponemos a continuación. Compruebe sus respuestas en el cd.

Imagine that you are a strict vegetarian and a teetotaller, but the others aren't. Answer the following questions. Check your answers using the CD for help.

¿Le gustaría un trozo de pastel?
¿Puedo ofrecerle un huevo pasado por agua?
¿Qué tal un buen bistec?
¿Vamos a tomar una caña?
¿Prefiere un zumo de naranja?
¿Le puedo recomendar este queso?
¿Le gustaría un «Wiener Schnitzel»?
¿Vamos a tomar un vaso de vino?
¿Prefiere leche?
¿Tomamos un helado?
¿Le gustaría una naranja?

Escuche esto • Just listen!

Now listen to parts 4 and 5 of the play until you are able to answer the following questions.

Escena uno

No usted de nuevo
Sección cuatro

1. ¿Está casada Merete?
   Is Merete married?

2. ¿Tiene hijos?
   Has she got any children?

3. ¿Quién paga el café?
   Who pays for the coffee?

4. ¿Quién toma una pasta?
   Who would like a cake?

Sección cinco

1. ¿Quién perfora el billete en el tren?
   Who clips the ticket on the train?

2. ¿Dónde trabaja Merete?
   Where does Merete work?

3. ¿Vive Merete en una casa o en un piso?
   Does Merete live in a house or a flat?

4. ¿A quién le gusta el fútbol?
   Who likes football?

5. ¿Está Andrés interesado en la música clásica?
   Is Andrés interested in classical music?

En el restaurante • At the Restaurant

In this unit you will learn how to

- book a restaurant table.
- order things at a restaurant.
- ask your partner what he or she would like to eat.

Diálogo • Dialogues

Diálogo   Amalia Gil (AG), Enrique Gil (EG), Maître (M), Camarero (C)

M:	Buenas tardes.	*Good evening.*
EG:	Buenas tardes. Quiero reservar una mesa para esta noche.	*Good evening. I'd like to book a table for this evening.*
M:	Sí, señor. ¿A qué hora?	*Certainly. When for?*
EG:	¿Tiene una para las 8 en punto?	*Have you got a table for 8 o'clock?*
M:	Sí, señor. ¿A qué nombre?	*Certainly, sir. What's the name?*
EG:	Gil.	*Gil.*
M:	¿Para cuántos?	*For how many persons.*
EG:	Para dos, por favor.	*A table for two, please.*
	(Pausa)	*(Pause.)*
EG:	Buenas noches. Tengo una mesa reservada.	*Good evening. I've booked a table.*
M:	Sí, señor. ¿Qué nombre?	*And the name, please?*
EG:	Gil.	*Gil.*
M:	Ah, sí, el señor Gil. Pase por aquí, por favor. ¿Qué le parece, aquí?	*Yes, señor Gil. Over here, please. Is this table all right?*
EG:	Sí, está bien. Gracias.	*Yes, very nice. Thank you.*
	(Pausa)	*(Pause.)*
EG:	¿Qué te gustaría para empezar, cariño?	*What would you like as a starter, darling?*
AG:	Mmm. Creo que voy a tomar unos calamares a la romana. ¿Y tú?	*Mmm. I think I'll have the «calamares a la romana» (sliced squid). And you?*
EG:	Me parece que yo voy a tomar una sopa de mariscos. Me gusta la sopa de mariscos. ¿Y de segundo?	*I think I'll have the «sopa de mariscos» (lobster soup). What would you like as your main course?*
AG:	Unas chuletas.	*I'd like a cutlet (schnitzel).*
EG:	¿De qué las prefieres, de cordero o de cerdo?	*A lamb or pork cutlet?*

AG:	Oh, creo que de cordero. ¿Y tú que vas a tomar, amor mío?	*I think I'll take the pork cutlet. What are you having, darling?*
EG:	No estoy seguro.	*I'm not sure yet.*
AG:	¿Por qué no tomas pollo al ajillo? Te gusta el pollo.	*Take the chicken with garlic. (Why don't you have ...) You like chicken.*
EG:	Sí, me gusta.	*Yes, I do like it.*
	(Pausa)	*(Pause.)*
EG:	¿Camarero?	*Waiter!*
C:	Diga, señor.	*Yes?*
EG:	Vamos a pedir ahora.	*We'd like to order now, please.*
C:	Bien.	*Yes.*
EG:	Mi mujer va a tomar calamares a la romana y yo una sopa de marisco.	*My wife will have the «calamares a la romana» and I'll take the «sopa de marisco».*
C:	¿Y de segundo?	*Certainly, sir. And to follow?*
EG:	Mi mujer las chuletas de cordero y para mi pollo al ajillo.	*My wife will have the pork cutlet and I'll have the chicken with garlic.*
C:	¿Y qué vino van a tomar?	*Have you chosen a wine?*
EG:	Ah, sí, el vino ...	*Ah yes, the wine ...*

¿Cómo se dice? • How to say it

1. Preguntando que le gusta comer y beber.

How to ask what someone would like to eat and drink.

¿Qué le gusta	comer? beber?

Yo creo	que me gusta/n	la paella. los calamares. el vino.
	que voy a tomar	pescado. una cerveza.

¿Te gustaría tomar	unas legumbres?	
	algo	más? de primero?

Sí, por favor. Quiero ...
No, gracias.

En el restaurante • At the Restaurant

2. Cómo decir que no está seguro.
How to say that you haven't yet decided.

No	sé.

3. Cómo pedir comida y bebida.
How to order food and drink.

a) muy formal

Yo (Singular)	tomaré ...
Mi esposa y yo (Plural)	tomaremos ...

b) informal

Tortillas		
Dos	cafés Coca-Colas vasos de cerveza	por favor.
Un	vaso de vino tinto bistec	
Una	caña	

4. Cómo reservar una mesa en un restaurante.
How to book a table at a restaurant.

Quiero reservar una mesa para	hoy. esta noche. mañana. el martes próximo.

¿A qué hora?

¿Tiene una mesa para las	7.30? 8.00?

¿Para cuántos?

Una mesa para	dos, tres,	por favor.

¿A nombre de quién?

Ejercicios • Exercises

Ejercicio 1

Imagínese que está en un restaurante. Mantenga dos conversaciones con la camarera con la información de abajo. Como referencia mire el menú de la página 106. Cuando haya decidido lo que va a decir, realice cada ejercicio con la conversación que encontrará en el cd.

Compruebe sus respuestas en el cd.

Imagine that you are in a restaurant. Make up two different dialogues with the waitress according to the information below. You will have to look at the menu on page 106. When you have decided what to say, do both the exercises with the help of the gap dialogue on the CD.
Check your answers using the CD as help.

Conversación 1

At the end of your holiday, you and your friend have hardly any more money left. For that reason you would like to order the cheapest starter and the cheapest main course for you and your friend. You can't allow yourself any wine so you order water instead.

Conversación 2

You go out for a meal with a business colleague, and as you want to impress him, you order the most expensive starter for him and the best and most expensive meat dish. Don't forget to ask for the wine list. In the end you are so full up that you don't want a dessert, but you order coffee and some chocolates.

En el restaurante • At the Restaurant

Menú

Entremeses variados (6 €)
Melón con jamón (5,50 €)
Espárragos con mayonesa (7 €)
Gazpacho (4,50 €)
Tortilla española (4,75 €)

* * * * *

Sopas

Sopa de marisco (5,50 €)
Consomé de pollo (3,50 €)
Crema de champiñones (4 €)
Sopa de pescado (3,75 €)

* * * * *

Pescados

Calamares a la romana (6 €)
Gambas a la plancha (4 €)
Lomo de merluza con almejas (8 €)
Truchas a la navarra (8,40 €)
Paella a la marinera (7 €)

* * * * *

Carnes

Escalope de ternera (7 €)
Riñones al jerez (6 €)
Solomillo de cerdo (7,80 €)
Chuletas de cordero (8 €)
Pollo al ajillo (5,50 €)

Escuche esto · Just listen!

Listen to part 6 of the first play again until you are able to answer the questions.

Escena uno

No usted de nuevo
Sección seis

1. ¿Dónde hay una catedral magnífica?
   Where is there a wonderful old cathedral?

2. ¿Qué es el museo de Bellas Artes?
   What is the Museo de Bellas Artes?

3. Desea Merete un hotel caro o barato?
   Does Marete want an expensive or a cheap hotel?

Hoteles • Hotels

In this unit you will learn how to
• book a room in a hotel.

Diálogos • Dialogues

Diálogo 1   Ana Roca (AR), recepcionista (R)

R:	(El teléfono suena) Hotel Carabela.	(The telephone rings.) Hotel Carabela.
AR:	¡Hola! ¿Tiene una habitación para el 5 de mayo?	Good morning. Have you got a room free for the 5th May?
R:	¿Individual o doble?	A single or double room?
AR:	Individual por favor.	A single room, please.
R:	¿Para cuántas noches?	How many nights?
AR:	Para una noche.	For one night.
R:	Sí, tengo una habitación individual.	Yes, I do have a single room.
AR:	¿Con baño?	With a bathroom?
R:	Sí, con baño.	Yes, with a bathroom.
AR:	¿Cuánto es?	How much is it?
R:	Son 20 euros con desayuno.	20 euros a night including breakfast.
AR:	Bien, entonces la tomo.	I'll take it.
R:	¿Su nombre, por favor?	Can I have your name, please?
AR:	Señora Ana Roca.	Señora Ana Roca.
R:	Bien, señora Roca. ¿Puede confirmar la reserva por escrito?	Fine, señora Roca. Will you confirm your booking in writing?
AR:	Sí, claro.	Yes, of course.
R:	Gracias.	Thank you.
AR:	Adiós.	Goodbye.
R:	Adiós.	Goodbye.

Diálogo 2   Enrique Gil (EG), maitre de hotel (M)

M:	(El teléfono suena) El Patio.	(The telephone rings.) El Patio.
EG:	¡Buenas tardes! ¿Tiene una mesa para mañana noche?	Good evening! Have you got a table free for tomorrow evening?
M:	Sí. ¿A qué hora?	Yes, we have. When for?
EG:	A las 8.	For 8 o'clock.
M:	¿Para cuántos?	For how many (people).
EG:	Una mesa para dos.	A table for two.
M:	Bien, señor. ¿Su nombre?	Certainly. What is your name?
EG:	Gil.	Gil.

Hoteles · Hotels

Diálogo 3   Pedro de Duarte (PD), empleado (E)

PD: Quiero reservar unas vacaciones en Andalucía.	I'd like to book a holiday in Andalusia.
E: Sí, señor. ¿Dónde?	Yes. Where?
PD: En Sevilla.	In Seville.
E: Ah, sí. Sevilla. Es una ciudad muy bonita. ¿En qué hotel?	Oh yes, Seville. A very beautiful city. And which hotel?
PD: El Simón.	El Simon.
E: ¿Cuándo quiere ir?	When do you want to travel?
PD: El 1 de septiembre.	On 1st September.
E: ¿Para 7 o 14 noches?	For seven or fourteen days? (nights)
PD: Para 14.	14.
E: ¿A qué nombre, por favor?	What's your name, please?
PD: Duarte. El señor y la señora de Duarte. (Pausa)	Duarte. Señor and Señora de Duarte. (Pause.)
E: Perdón, un momento. (Habla por teléfono) Hola, ¿Soberano? Quiero una habitación doble en el Hotel El Simón de Sevilla. 14 noches, para el 1 de septiembre. ¿Está completamento lleno? ¿El Hotel Anabel? ¿El Hotel Euge-nia? (Hablando a Pedro) Señor Duarte, el Simón está completa-mente lleno. Puede tener una habi-tación en el Hotel Anabel o en el Hotel Eugenia.	Just one moment, please. (Speaks on phone.) Good morning? (Travel agent) I'd like a double room at Hotel El Simón in Seville. For 14 nights. From 1st September. It's fully booked out? Hotel Anabel? Hotel Eugenia? (Speaks to Pedro.) Señor Duarte, El Simón is fully booked. You can have a room at the Hotel Anabel, or at the Hotel Eugenia.
PD: ¿Cómo es el Hotel Anabel?	What is the Hotel Anabel like?
E: Se lo puedo recomendar y el Hotel Eugenia también.	I can recommend it. I can recommend the Hotel Eugenia, too.
PD: Tomaré el Hotel Anabel. El Eugenia es muy caro.	I'll take the Hotel Anabel. The Eugenia is too expensive.

Hoteles • Hotels

¿Cómo se dice? • How to say it

1. Cómo reservar una habitación en un hotel.
How to book a hotel room.

a) qué tipo de habitación.
what sort of room.

Una	habitación	individual doble	con sin	baño. ducha.

b) para cuándo.
when for.

Para el	diez siete veintiuno	de enero. de mayo. de agosto.

c) para cuántas noches.
for how long.

Para	una noche. dos tres — noches. una semana.

Desde el	5 de enero 1 de mayo	hasta	el 12 de el 30 de	enero ... mayo ...

d) poniéndolo todo junto.
in one sentence.

Me gustaría Tiene usted	una habitación	individual con/sin baño doble	para el 1 de mayo. para dos noches. para dos noches desde. del 1 hasta el 3 de mayo.

Hoteles • Hotels

Ejercicios • Exercises

Ejercicio 1

Usted quiere reservar una habitación. Estos números indican qué tipo de habitación quiere reservar.

You want to book a room. The numbers indicate the sort of room that you wish to book.

1 – una habitación individual
2 – una habitación doble
3 – con baño
4 – con ducha
5 – con lavabo
6 – con televisión

Los números en ( ) indican cuanto tiempo va a estar.

The numbers in () show how long you want to stay.

Ejemplo: (1) – una noche
(2) – dos noches
(3) – tres noches, etc.
(1 s) – una semana

Ahora pregunte por estas habitaciones. Compruebe sus respuestas en el cd.

Now book the rooms. Check your answers with the help of the CD.

a)	1	(1)	f)	1 3	(1s)
b)	2 4	(2)	g)	2 5	(2)
c)	1 3	(1)	h)	2 4	(1 s)
d)	2	(1s)	i)	2 3	(1)
e)	2	(3)	j)	1 6	(2)

Hoteles • Hotels

Ejercicio 2

Usted quiere reservar una habitación para cierto tiempo. Compruebe sus respuestas en el cd.

You want to book a room for a particular time. Check your answers with the help of the CD.

1.	(1);	30.03. – 31.03.
2.	(4);	06.12. – 10.12.
3.	(1 s);	20.01. – 27.01.
4.	(2);	07.10. – 09.10.
5.	(1);	12.05. – 13.05.
6.	(3);	02.08. – 05.08.
7.	(5);	04.11. – 09.11.
8.	(2);	28.07. – 30.07.
9.	(4);	23.02. – 27.02.
10.	(1 s);	08.06. – 15.06.

Ejercicio 3

Usted quiere reservar una habitación en un hotel. Haga su papel en la conversación que encontrará en el cd.

You want to book a hotel room. Play your role in the gap dialogue on the CD.

Recepcionista del hotel:	Hotel Carabela.
Usted:	...
Recepcionista del hotel:	¿Individual o doble?
Usted:	...
Recepcionista del hotel:	¿Para cuántas noches?
Usted:	...
Recepcionista del hotel:	Sí, tengo una individual.
Usted:	...
Recepcionista del hotel:	Sí, con baño.
Usted:	...
Recepcionista del hotel:	Son 20 euros con desayuno.
Usted:	...
Recepcionista del hotel:	¿Qué nombre por favor?
Usted:	...
Recepcionista del hotel:	Bien. ¿Puede confirmar su reserva por escrito, por favor?
Usted:	...
Recepcionista del hotel:	Gracias.
Usted:	...
Recepcionista del hotel:	Adiós.

Escuche esto · Just listen!

*Now listen to the next part of **No usted de nuevo**. If you wish you can listen to the whole play again. You will be surprised at how much you can understand in the meantime.*

Escena uno

No usted de nuevo
Sección siete

1. ¿Quién está buscando una habitación individual?
   Who is looking for a room?

2. ¿Para cuántas noches?
   For how many nights?

3. ¿Cómo se llama el hotel?
   What is the name of the hotel?

Reglamentos • Regulations

In this unit you will learn how to
- ask whether you have to do something or not.
- make the corresponding statements.

Diálogos • Dialogues

Diálogo 1   Señora García (G), agente de Turismo (AT)

G:	Quiero reservar un vuelo para Caracas.	*I'd like to book a flight to Caracas.*
AT:	Sí, señora. ¿Cuándo quiere viajar?	*Yes, madam. When would you like to leave?*
G:	El mes próximo. El cumpleaños de mi hijo es el 20 de noviembre. Él trabaja en Caracas.	*Next month. My son's birthday is on the 20th November. He works in Caracas.*
AT:	Usted necisita un pasaporte válido.	*You have to have a valid passport.*
G:	Sí, lo tengo. ¿Necesito visado para Venezuela?	*Yes, I've got one. Do I need a visa?*
AT:	Sí. Usted necesita visado para Venezuela.	*Yes. For Venezuela you need a visa.*
G:	¿Ah, sí? No lo tengo.	*Oh dear. I haven't got one.*
AT:	Aquí tiene una solicitud. Tiene que enviarla a la Embajada Venezolana.	*Here is an application form. You have to send it to the Venezuelan Embassy.*
G:	Gracias. ¿Tengo que tener un seguro de viaje?	*Thank you. Do I need travel insurance?*
AT:	No, no necesita seguro de viaje. Pero yo siempre lo recomiendo.	*No, you don't have to take out a travel insurance policy, but I always recommend it, though.*
G:	¿Tengo que tener un certificado de vacunación?	*Do I need to have a vaccination certificate?*
AT:	No, no es necesario.	*No, that isn't necessary.*
G:	Oh, bien.	*Oh, good.*

Diálogo 2   Paco (P), jefe (J)

P:	¿Adónde va a ir de vacaciones?	*Where are you going on holiday?*
J:	Voy a ir a Alemania.	*I'm going to Germany.*
P:	¿De verdad? ¿Adónde?	*Oh, I see. Where to?*

J:	Voy a ir a Berlín.
P:	Qué interesante. ¿Usted conoce Berlín?
J:	No, en absoluto. ¿Que debe uno ver allí?
P:	Primero uno debe ver la Puerta de Brandenburgo, después subir a la Torre de la Televisión y debe ir a Potsdam, a Sanssouci.
J:	¿Y qué es eso?
P:	Es un palacio muy bello de la época del Rey Federico II de Prusia.
J:	¿Se necesita un visado para Alemania?
P:	No, no es necesario. Pero no se olvide de llevarse su máquina fotográfica.
J:	Sí, claro. Y debo comprar una película también.

I'm going to Berlin.	
That's interesting. Do you know Berlin at all?	
No, not at all. What things should you go and see there?	
First of all you have to see the Brandenburg Gate. And after that you have to go up the TV tower. And you must go to Potsdam, to Sanssouci.	
What's that, then?	
It's a very beautiful castle from the time of King Frederick of Prussia.	
Do I need a visa for Germany?	
No, that isn't necessary. But don't forget to take your camera.	
Ah, yes. And I must buy a film.	

¿Cómo se dice? • How to say it

1. Preguntando si hay que hacer algo.

How to ask whether you have to do something.

¿Tengo ¿Tenemos	que	tener obtener	un pasaporte válido? un visado. un seguro de viaje?	Sí, tiene que tenerlo. No, no tiene que tenerlo.

Usted	(no) tiene que	tener obtener	un certificado de vacunación. un carnet internacional de conducir. una Carta Verde. un pasaporte.

Tengo que tener.

Tengo que ...? Sí, tiene que tener./No, no necesita tener u obtener.

Reglamentos • Regulations

Question about obligation:	¿Tengo ¿Tenemos	que	tener? obtener?

Statement about obligation:	Usted	(no) tiene	que	tener. obtener.

Ejercicios • Exercises

Ejercicio 1

Aquí hay una lista de cosas que podría necesitar.

Here is a list of things that you might need.

gafas de sol	*sunglasses*	dinero	*money*
cepillo de dientes	*toothbrush*	mapa	*map, street map*
traje de baño	*bathing suit*	raqueta de tenis	*tennis racket*
pasaporte	*passport*	botas	*boots*
entradas	*tickets*	paraguas	*umbrella*

¿Qué cosas de la lista tiene que tomar?

Which things do you have to take with you?

Ejemplo: Tengo que tomar mi paraguas.

1. What must you take with you when you go shopping?
2. You want to play football.
3. You want to play tennis.
4. You are planning a trip to the country.
5. You want to go to the theatre.
6. It is hot and you would like to go swimming.
7. You want to spend your holiday abroad.
8. You are staying with friends in the country for the weekend.
9. It is raining.
10. There isn't a cloud in the sky.

Ejercicio 2

Mire una página de la agenda de Paco. ¿Qué tiene que hacer cada día de la semana?

Look at this page from Paco's diary. What does he have to do on each day?

Ejemplo: ¿Qué tiene que hacer Paco? – Él tiene que ver a Felicidad.

¿Qué tiene que hacer Paco el domingo?
¿Qué tiene que hacer Paco el lunes?
¿Qué tiene que hacer Paco el martes?
¿Qué tiene que hacer Paco el miércoles?
¿Qué tiene que hacer Paco el jueves?
¿Qué tiene que hacer Paco el viernes?
¿Qué tiene que hacer Paco el sábado?

Domingo:	ver a Felicidad.
Lunes:	buscar el coche.
Martes:	ir a Bilbao.
Miércoles:	comprar un collar para Felicidad.
Jueves:	comprar una raqueta de tenis.
Viernes:	levantarse a las 6 de la mañana.
Sábado:	quedarse en cama (está cansado).

Ejercicio 3

Enrique y Ana han decidido visitar a unos amigos durante el fin de semana. Ana va a ir el viernes. Enrique tiene que quedarse hasta el sábado por la tarde. Como Enrique es muy descuidado preparando las cosas, Ana ha recogido todo lo que él necesita y se lo ha llevado con ella. El sábado por la mañana Enrique telefonea para saber qué tiene que llevar. Ana le dice que todo está arreglado. Escuche el cd y póngase en el papel de Ana.

Enrique and Ana want to visit friends at the weekend. Ana is already travelling on Friday evening. Enrique has to stay at home until Saturday afternoon. As Enrique is rather careless and absent-minded, Ana has packed everything he might need and already taken it with her. On Saturday morning Enrique phones her to find out what he should bring with him. Ana says that she has already organised everything.
Listen to the CD and take Ana's role.

Ejemplo: ¿Tengo que llevar mi raqueta de tenis?
No, no tienes que llevar tu raqueta de tenis.

Reglamentos • Regulations

Escuche esto • Just listen!

Now listen to the whole play again as well as the final scene.

Escena uno

No usted de nuevo

Sección ocho

1. ¿Quién ha reservado el hotel para Merete?
   Who booked the hotel for Merete?

2. ¿Quiere Merete una habitación con desayuno?
   Does Merete want a room including breakfast?

3. ¿Cuál es el número de la habitación de Merete?
   How many bedrooms has Merete got?

Juegos y deportes · Games and Sports

In this unit you will learn how to

- make suggestions.
- ask someone to join you in doing something.
- ask someone whether they can do something.
- ask and talk about how often someone does something.

Diálogos · Dialogues

Diálogo 1 Felicidad (F), Paco (P), María (M)

F:	Qué día tan estupendo. Vamos a nadar.	*What a beautiful day. Let's go swimming.*
P:	Sí, qué buena idea.	*Yes, that's a good idea.*
F:	¿Sabe nadar María?	*Can María swim?*
P:	No lo sé. Vamos a preguntarle.	*I don't know. Let's ask her.*
F:	María, hace un tiempo estupendo.	*María, it's a beautiful day.*
P:	¿Vamos a nadar?	*Shall we go swimming?*
F:	¿Sabes nadar?	*Can you swim?*
M:	Sí, sé nadar muy bien.	*Yes, I can swim quite well.*
P:	Yo no sé nadar bien.	*I'm not very good at swimming.*
M:	No importa. Vamos.	*That doesn't matter. Let's go.*
P:	(A regañadientes) De acuerdo. Vamos.	*(Hesitating) All right. Let's go.*

Diálogo 2 Señora Martínez (Mar), señora Busto (B)

Mar:	¿Dónde está Juan hoy?	*Where's Juan today?*
B:	En el río.	*At the river.*
Mar:	¿Qué está haciendo allí?	*What's he doing there?*
B:	Está pescando.	*Fishing.*
Mar:	¿Va a menudo a pescar?	*Does he often go fishing?*
B:	Oh, él va cinco veces por semana. Siempre estoy sola.	*Yes, (he goes) five times a week. I'm always on my own.*
Mar:	¿Por qué no vas con él?	*Why don't you go with him?*
B:	No estoy interesada en pescar. ¿Dónde está Blas hoy?	*I'm not interested in fishing. Where is Blas today?*
Mar:	Es sábado. Él está jugando al fútbol.	*It's Saturday. He's playing football.*
B:	¿Juega al fútbol a menudo?	*Does he often play football?*

Mar: Juega al fútbol cada sábado y se entrena dos veces por semana.	*He plays every Saturday. And he goes training twice a week.*
B: ¿Por qué no vas con él?	*Why don't you go with him?*
Mar: No estoy interesada en el fútbol.	*I'm not interested in football.*

¿Cómo se dice? • How to say it

1. Cómo proponer hacer algo.

How to suggest doing something.

Vamos a	jugar	a las cartas. al squash. al tenis.
	ir	a dar un paseo. a nadar.

2. Preguntando si alguien puede hacer algo.

How to ask whether someone can do something.

¿Sabe	usted él ella María	nadar? esquiar? jugar al tenis? jugar al squash? jugar a las cartas?	Sí, yo sé. él/ella sabe. No, yo no sé. él/ella no sabe.

Yo		sé	nadar	un poco. bastante bien.
Usted Él Ella	si no	sabe	esquiar jugar al tenis jugar al squash	bien. en absoluto. muy bien.

3. Preguntando con qué frecuencia hace algo.

How to ask how often someone does something.

¿Usted ¿Él ¿Ella	va a menudo	a	esquiar? pescar? jugar al fútbol?

Yo	juego al tenis me entreno			en las vacaciones. cada día.
Él Ella	va	a	nadar pescar	unas 5 veces por semana. cada sábado.
Nosotros	vamos			dos veces por semana.

Él Ella	juega al tenis se entrena	en las vacaciones. cada día.
Nosotros	jugamos al tenis nos entrenamos	unas 5 veces por semana. cada sábado. dos veces por semana.

Yo	a menudo a veces	nado. juego al tenis. voy de compras.
Nosotros	raramente nunca	nadamos. jugamos al tenis. vamos de compras.

Ella Mi hijo Leonor	a menudo a veces raramente nunca	va	a esquiar. a nadar.
		juega	a las cartas. al tenis.

Ejercicios • Exercises

Ejercicio 1

Aquí hay dos formas de sugerir a una persona que haga algo.

In Spanish there are two ways to suggest doing something.

¿Vamos a dar un paseo?
Jugamos al tenis.

Sugiera a una persona que haga las actividades siguientes.

Suggest doing the following activities to someone.

leer nuestros libros	*reading our books*
montar a caballo	*riding*
ir a nadar	*swimming*
tomar unas fotos	*taking photos*
dar una vuelta	*going for a walk*
tocar la guitarra	*playing the guitar*
ir a bailar	*dancing*
ir de excursión	*going on a walking trip*

Ejercicio 2

Pregunte a alguien si (él/ella) sabe hacer estas cosas.

Ask someone whether they can do the following things.

Ejemplo: ¿Sabe usted nadar?
             ¿Sabe María nadar?

horse riding	*play cards*
swim	*ski*
drive a car	*sing*
play the guitar	*cook*
dance	*play tennis*

Ejercicio 3

Usted conoce a Mateo. A él le gusta jugar al fútbol y a las cartas. Le divierte esquiar y pasear.
Usted conoce a Magdalena. A ella le gusta bailar, nadar, montar a caballo y jugar al tenis.
Haga unas propuestas a Mateo y Magdalena. Aquí hay ejemplos de unas conversaciones.

You know Mateo. He likes playing football and cards. He also likes skiing and going for walks.
You know Magdalena. She dances, swims, likes riding and playing tennis.

Suggest things to Mateo and Magdalena. Here are some model dialogues.

Usted:	Mateo, ¿jugamos al fútbol?
Mateo:	Sí,
Usted:	Magdalena, ¿jugamos a las cartas?
Magdalena:	No, no puedo jugar a las cartas.

Sugiera a Mateo que:

Suggest things to Mateo:

a) juegue al fútbol
b) monte a caballo
c) juegue a las cartas
d) juegue al tenis
e) vaya a nadar

Entonces proponga a Magdalena lo siguiente:

And now suggest things to Magdalena:

f) que vaya a bailar
g) que vaya a esquiar
h) que vaya a nadar
i) que juegue al fútbol
j) que monte a caballo

Compare su conversación con el cd.

Compare your dialogues with those on the CD.

Escuche esto · Just listen!

A new play begins in this unit. Listen to part 1 as often as you like and find the answers to the following questions.

Escena dos

De visita en el Museo del Prado

Sección uno

1. ¿Qué es el Museo del Prado?
   What sort of museum is the Prado?

2. ¿Cómo se llama el arquitecto?
   What is the name of the architect?

3. ¿Cuál es la colección de pintura más importante del Museo del Prado?
   Which is the most important collection of paintings at the Prado?

Emergencias • Emergencies

In this unit you will learn how to
* get help after a car breakdown.
* make an appointment.

Diálogos • Dialogues

Diálogo 1   Amalia Gil (AG), Enrique Gil (EG), hombre del RACE

AG: ¿Qué es este ruido?	What's that noise?
EG: No lo sé.	I don't know.
AG: Mira la temperatura del manó-metro.	Look at the temperature gauge.
EG: ¡Vaya hombre! Está hirviendo.	Damn! It's boiling/overheated.
AG: Párate.	Stop at once.
EG: Hay un teléfono allí.	There's a telephone over there.
AG: Date prisa.	Hurry up.
EG: ¡Hola! Tengo una avería.	Hello! My car's broken down.
RAC: (Al teléfono.) ¿Qué matrícula tiene su coche?	(On phone.) What's your car registration number?
EG: M-1633-HH.	M-1633-HH
RAC: ¿Qué marca de coche?	What type of car is it?
EG: Seat IBIZA SXI.	A Seat IBIZA SXI.
RAC: ¿Qué color?	What colour?
EG: Rojo.	Red.
RAC: ¿Cuál es el número de teléfono del que está llamando?	What's the telephone number from which you're calling?
EG: 112.	112.
RAC ¿Dónde está usted?	Where are you?
EG: Aproximadamente a dos kilóme-tros de Barcelona.	About two kilometers from Barcelona.
RAC: ¿Es usted socio del RACE?	Are you a member of the RACE?
EG: Sí.	Yes, I am.
RAC: Voy a enviar a alguien inmediata-mente.	I'll send someone right away.
EG: Gracias.	Thanks.

Emergencias • Emergencies
UNIDAD 22

Diálogo 2   Señora García (G), Recepcionista (R)

G: (Telefoneando) Hola. ¿Es el ambulatorio?	*(On the phone) Good morning. Is that the (state health-service) clinic?*
R: Sí. Buenos días. ¿Quién habla?	*Yes. Good morning. Who am I speaking to?*
G: Soy la señora Valentina García y quisiera ver al Dr. Suárez.	*Valentina García here. I'd like to make an appointment with Dr. Suárez.*
R: Sí, señora García. ¿Cuándo quiere venir?	*Yes, señora García. When would you like to come?*
G: ¿Está libre esta mañana?	*Is he free this morning?*
R: No, lo siento. Él está ocupado esta mañana. ¿Puede usted venir esta tarde a las 18.15?	*No, I'm sorry, he isn't. He's busy all this morning. Can you come this evening at 6.15?*
G: Oh sí. Vale. Iré esta tarde a las 18.15. Gracias.	*Yes, that's fine. I'll come this evening at 6.15. Thank you.*
R: Adiós, señora García.	*Goodbye, señora García.*

¿Cómo se dice? • How to say it

Cómo pedir una cita.
How to make an appointment.

Quiero	una cita con	el doctor. el Dr. Díaz. el señor Santos. la señora Gil.

¿Está	él ella	libre	a qué (+ hora)? qué (+ día o fecha)?
¿Puedo venir			

Emergencias • Emergencies

Ejercicios • Exercises

Ejercicio 1

¿Se acuerda del diálogo 2 del cd? Entonces sustituya a la señora García y complete la conversación. Está en el cd también.

Do you remember dialogue 2 on the CD? Play the part of señora García in the following gap dialogue. It is also on the CD.

Señora García:	*(Make sure that you are speaking to the state health-service clinic.)*
Recepcionista:	Sí. Buenos días. ¿Quién habla?
Señora García:	*(You'd like to make an appointment with Dr. Suárez.)*
Recepcionista:	Sí, señora García. ¿Cuándo quiere venir?
Señora García:	*(This morning?)*
Recepcionista:	No, lo siento. El doctor está ocupado toda la mañana. ¿Puede venir esta tarde a las 18.15?
Señora García:	*(You'll come there at this time.)*
Recepcionista:	Adiós, señora García.

Ejercicio 2

Escuche de nuevo el diálogo número 1. Entonces imagínese que usted sufre una avería en la autopista. Usted conduce un Volkswagen Santana, rojo, matrícula NEA-RX 104. Usted está llamando desde la cabina telefónica número 45, a 15 kilómetros de Tarragona, viajando para Barcelona, en la A 7. Usted es socio del RACE. Complete el diálogo. Está grabado en el cd.

Listen to dialogue 1 again. Then imagine that you break down on the motorway. You are driving a red Volkswagen Santana, car number NEA-RX 104. You phone from the telephone box number 45 on the A 7, 15 kilometers from Tarragona in the direction of Barcelona. You are a member of the Real Automóvil Club. (Spanish equivalent of the AA in Britain.) Complete the gap dialogue accordingly. It is also on the CD.

Usted: ...
RACE: ¿Qué número tiene su matrícula?
Usted: ...
RACE: ¿De qué marca es su coche?
Usted: ...
RACE: ¿Qué color?

Usted: ...
RACE: ¿Cuál es el número de teléfono del que está llamando?
Usted: ...
RACE: ¿Dónde está usted?
Usted: Yo estoy a 15 kilómetros de Tarragona viajando para Barcelona en la A 7.
RACE: ¿Es usted socio del Real Automóvil Club?
Usted: ...
RACE: Le enviaré alguien inmediatamente.
Usted: Gracias.

Escuche esto • Just listen!

Now listen to parts 2 and 3 of the short play **De vista en el museo del Prado**.

Escena dos

De visita en el Museo del Prado
Sección dos

1. ¿Era español El Greco?
   Was El Greco Spanish?

2. ¿Qué pintó El Greco en Toledo?
   What did El Greco paint in Toledo?

3. ¿Cuándo y dónde murió El Greco?
   Where and when did El Greco die?

Sección tres

1. ¿Dónde nació Velázquez?
   Where was Velázquez born?

2. ¿Dónde estaba el «Salón de Reinos»?
   Where was the «Salón de Reinos»?

3. ¿Cuál es el otro título de «La Rendición de Breda»?
   What is the other name of the painting «La Rendicion de Breda»?

Averías • Defects

In this unit you will learn how to
- express regret about something.
- describe something that is not working properly.
- take something to be repaired.

Diálogos • Dialogues

Diálogo 1   esposa joven (Ej), marido joven (Mj)

Ej:	¿Qué pasa?	*What happened?*
Mj:	He roto un plato.	*I've broken a plate.*
Ej:	¡Oh, mi mejor plato! Un regalo de tía Pilar.	*Oh, that's my best plate! A present from Aunt Pilar.*
Mj:	Lo siento mucho, querida.	*I'm terribly sorry, darling.*
Ej:	Oh, qué torpe eres.	*Oh, you're so clumsy.*

Diálogo 2   Enrique Gil (EG), Amalia Gil (AG), dependiente (D)

EG:	¡Maldición! Está averiado.	*Damn! It's broken down.*
AG:	¿Qué te pasa?	*What's wrong?*
EG:	Este cortacésped no funciona.	*This lawn mower is not working.*
AG:	Bueno, está muy viejo.	*Well it is old.*
	(Horas más tarde)	*(Hours later.)*
EG:	Este cortacésped no funciona.	*This lawn mower isn't working.*
D:	Sí, el cilindro está roto. Necesita uno nuevo.	*Yes, the cylinder is broken. You need a new one.*
EG:	¿Cuánto cuesta?	*How much is it?*
D:	10 euros. Quizás 20 euros.	*10 euros. Perhaps 20 euros.*
EG:	¿Cuánto cuesta aquella máquina nueva?	*What does that new one over there cost?*
D:	Aquella cuesta 48 euros.	*It costs 48 euros.*
EG:	Tengo que pensarlo.	*I'll have to think about it.*

Averías • Defects

UNIDAD 23

Diálogo 3 — Señora García (G), empleado (E)

G: Buenas tardes. Le pasa algo a mi televisor.	Good evening. There's something wrong with my TV.
E: ¿Cuál es el problema?	What's the problem?
G: El color no es correcto.	The colours are all wrong.
E: ¿Algo más?	Anything else?
G: Sí, hace un ruido extraño.	Yes, it makes this strange noise.
E: Bien. Le envío a alguien inmediatamente.	Oh, I see. I'll send someone round straight away.
G: ¿Puede venir esta tarde? No quiero perderme «Corrupción en Miami».	Can he come this evening? I don't want to miss «Corrupción en Miami».
E: Vamos a ver qué se puede hacer.	I'll see what I can do.
G: Gracias. Adiós.	Yes, thanks. Goodbye.

¿Cómo se dice? • How to say it

1. Cómo expresar su interés.
How to express regret.

Lo siento	sinceramente. de verdad. mucho.

2. Cómo se dice que algo está roto.
How to express that something is broken.

He	roto	un plato. un jarrón.

El	coche cortacésped	está estropeado.
El	fusible cilindro	no funciona.
La	batería	

Algo le pasa a mi	televisor. coche.

Averías • Defects

Ejercicios • Exercises

Ejercicio 1

Escuche el diálogo en el cd.   *Listen to the dialogue on the CD.*

Dependiente:	Buenos días, señor(a).
Turista:	¿Puede ayudarme, por favor?
	Algo le pasa a mi secador de pelo.
Dependiente:	¿Cuál es el problema?
Turista:	Hace un ruido extraño.
Dependiente:	Ya.
Turista:	¿Puede arreglarlo?
Dependiente:	Veremos lo que se puede hacer.
Turista:	¿Cuánto (tiempo) tardará en arreglarlo?
Dependiente:	Venga mañana a la misma hora.
Turista:	Gracias.

Póngase en el papel de ambas partes   *Now play both roles based on the*
según las informaciones siguientes.   *information given below.*

1. Su maquinilla de afeitar,   *Your electric razor is not shaving*
   no afeita bien.   *properly.*
2. Su reloj se atrasa.   *Your watch isn't working.*
3. Su máquina fotográfica   *You can't focus your camera.*
   no enfoca bien.

Ejercicio 2

Si su coche sufre una avería, tendrá que   *If your car breaks down, you may have*
telefonear para que le ayuden. Lea este   *to telephone for assistance. Read the*
diálogo como modelo.   *following model dialogue and listen to it*
                                           on the CD.

Oficial RACE:	Real Automóvil Club. Buenos días. ¿Puedo asistirle?
Conductora:	Buenos días, ¿puede ayudarme por favor?
Oficial RACE:	¿Qué le pasa?
Conductora:	Tengo una avería.

Oficial RACE:	¿Dónde está usted?
Conductora:	Estoy entre Bilbao y San Sebastián.
Oficial RACE:	¿Qué tipo de coche tiene?
Conductora:	Un Fiat punto.
Oficial RACE:	¿Cuál es su nombre, por favor?
Conductora:	Mi nombre es Sánchez. SÁNCHEZ.
Oficial RACE:	¿Qué le pasa a su coche?
Conductora:	La batería está descargada.
Oficial RACE:	¿Es usted socia del Real Automóvil Club?
Conductora:	Sí.
Oficial RACE:	Permanezca en su coche y enviaremos a alguien lo más pronto posible.

La parte del oficial del RACE está grabada en el cd. Usted póngase en el papel de la turista de acuerdo con la información siguiente.

The part of the AA official is recorded on the CD. Provide the part of the tourist according to the information given below.

1. Su Audi 100 sufre una avería entre Zamora y Valladolid. El radiador está roto.

2. Su Ford Sierra sufre una avería entre Lleida y Girona. El motor hace un ruido extraño.

Ejercicio 3

A veces ocurren accidentes y hay que pedir disculpas amablemente.

Mishaps sometimes happen and then you should apologise politely.

Ejemplo:

Lo siento	sinceramente de verdad mucho	que haya roto una taza.

Ahora trate de disculparse por los siguientes accidentes.

Apologise for the following mishaps.

Averías • Defects

a) You have broken a vase.
   (Un jarrón roto.)

b) You have spilt wine on the tablecloth.
   (Ha manchado el mantel con vino.)

c) You have lost your key.
   (Ha perdido las llaves de su casa.)

d) You have burnt a hole in the bedspread.
   (Ha quemado un agujero en la colcha del hotel.)

e) You have let the bath overfill.
   (Ha dejado correr el agua del baño hasta rebosar.)

f) You have trodden on the cat.
   (Ha pisado al gato.)

Escuche esto • Just listen!

Now listen to part 1 of the third play.

Escena tres

Una feliz noticia
Sección uno

1. ¿Qué quiere organizar Tomás?
   What would Tomás like to do?

2. ¿Cómo se llama el novio de Carmela?
   What is Carmela's friend called?

3. ¿Le gusta a Tomás el novio de Carmela?
   Does Tomás like Carmela's friend?

Enfermedades • Illness

In this unit you will learn how to
- say that you are ill.
- describe the symptoms of an illness.
- ask about ways of treating an illness.

Diálogos • Dialogues

Diálogo 1   Felicidad (F), farmacéutico (Far)

F:	(En la farmacia) Por favor. ¿Tiene algo para un trastorno de estómago?	*(At the chemist's) Excuse me. Have you got anything for an upset stomach?*
Far:	¿Qué es exactamente lo que le pasa?	*What is the trouble exactly. (What's happened exactly).*
F:	Tengo un poco de diarrea y un terrible dolor de cabeza.	*I've got slight diarrhoea. And I've got a terrible headache.*
Far:	¿Cuándo empezó esto?	*When did it start?*
F:	Durante la noche.	*It started during the night.*
Far:	Le voy a dar algo para la diarrea.	*I'll give you something for the diarrhoea.*
F:	Gracias.	*Thank you.*
Far:	Mejor que compre aspirinas para su dolor de cabeza.	*And you ought to buy some aspirin for the headache.*
F:	¿Cuántas debo tomar?	*How many should I take?*
Far:	Siga las instrucciones en el paquete.	*The instructions are in the packet.*

Diálogo 2   Paco (P), doctor (Dr)

Dr:	Bien. Vamos a ver. ¿Qué le pasa?	*Now, what's wrong?*
P:	Creo que me he torcido el tobillo.	*I think I've sprained my ankle.*
Dr:	Ya. ¿Tiene dolor?	*I see. Do you have any pain?*
P:	Sí, es muy doloroso.	*It's very painful, yes.*
Dr:	¿Puede describirlo?	*How would you describe the pain?*
P:	Me duele cuando ando.	*It hurts when I walk.*
Dr:	Ya. La enfermera le pondrá una venda.	*I see. The nurse will bandage it for you.*
P:	Gracias.	*Thank you.*

Enfermedades · Illness

Dr: Tiene usted que estar en cama un par de días. Y no más fútbol.	*You must stay in bed for a few days. And no more football.*
P: No, doctor.	*No, doctor.*

¿Cómo se dice? · How to say it

1. En el médico.
At the doctor's.

a) Cómo decir que está enfermo.
How to say that you are ill.

¿Qué le	pasa? ocurre?

Me siento	enfermo. mareado. mal. débil.

b) Cómo describir los síntomas.
How to describe the symptoms.

Some parts of the body:

¿Tiene dolor?	Me duele	la cabeza.	*head*
		el diente.	*tooth*
		la espalda.	*back*
		el pecho.	*chest*
		el brazo.	*arm*
		el dedo.	*finger*
		el estómago.	*stomach*
		la pierna.	*leg*
		la rodilla.	*knee*
		el pie.	*foot*
		el dedo del pie.	*toe*

¿Dónde le duele?	Tengo mucho dolor	en mi ... aquí.

Enfermedades · Illness

Tengo	dolor de cabeza.	*Some illnesses:*
	dolor de cabeza.	*headache*
	dolor de oído.	*earache*
	dolor de dientes.	*toothache*
	dolor de estómago.	*stomach ache*
	un trastorno de estómago.	*upset stomach*
	un resfriado.	*a cold*
	tos.	*cough*
	fiebre.	*temperature/fever*
	dolor de garganta.	*sore throat*
	la gripe.	*flu*
	diarrea.	*diarrhoea*

¿Cuándo empezó	el dolor de garganta?
	el dolor?
	esto?

Empezó	anoche.
	ayer.
	hace 3 días.

¿Cuándo empezó esto?   Empezó anoche.

The Past Tense (Simple Past) is used to describe a completed action in the past.

The performance often starts (Present) *at 9 pm.*
El show a menudo empieza a las 21:00.

Yesterday it started (Simple Past) *at 10 pm.*
Ayer empezó a las 22:00.

Does the performance start (Present) *at 9 pm?*
¿Empieza el show a las 21:00?

Did the performance start (Simple Past) *at 9 pm yesterday?*
¿Empezó el show a las 21:00, ayer?

The Simple Past forms of the regular verbs are formed in the following way:

verbs ending in **-ar**
eg. **comprar** = buy

1. **Compré**
2. **Compraste**
3. **Compró**
3. **Usted compró**
4. **Compramos**
5. **Comprasteis**
6. **Compraron**
6. **Ustedes compraron**

verbs ending in **-er**
eg. **comer** = ea

1. **Comí**
2. **Comiste**
3. **Comió**
3. **Usted comió**
4. **Comimos**
5. **Comisteis**
6. **Comieron**
6. **Ustedes comieron**

verbs ending in **-ir**
eg. **salir** = go out

1. **Salí**
2. **Saliste**
3. **Salió**
3. **Usted salió**
4. **Salimos**
5. **Salisteis**
6. **Salieron**
6. **Ustedes salieron**

2. En la farmacia.
At the chemist's.

¿Tiene algo para	el dolor de garganta?
	un trastorno de estómago?
	para la gripe?
	para la diarrea?

Ejercicios • Exercises

Ejercicio 1

Diga que estas partes del cuerpo le due-
len. Si quiere, primero escuche la pro-
nunciación en el cd.

*Say that the following parts of the
body are giving you pain. If you like
you can listen to the pronunciation
on the CD first.*

1. su cabeza
2. su pierna
3. su pie
4. su mano
5. su espalda

6. su brazo
7. su estómago
8. su oído
9. su rodilla
10. su diente

Ejemplo: Me duele la cabeza o tengo dolor de cabeza.

Ejercicio 2

Que diría usted si:

What do you say when:

1. you have toothache?
2. you've eaten too many cherries?
3. you drank too much wine the evening before?
4. you have a cough?
5. you have a temperature?
6. you have earache?
7. your foot is red?
8. you have diarrhoea?
9. you have fallen down on your knee?

Ejemplo: Me duele la muela o tengo dolor de muelas.

Ejercicio 3

Represente el papel del paciente en el
siguiente diálogo. Lea la parte del doctor. Escuche el ejemplo del cd.

*Play the role of the patient in the follow-
ing dialogue. Think about what the
patient says and read the doctor's part.
Listen to the model dialogue on the CD.*

Enfermedades • Illness

Paciente	Doctor
1. Salude al doctor.	
	2. ¿Vamos a ver qué le pasa?
3. Diga que tiene dolor de garganta.	
	4. ¿Cuándo empezó?
5. Diga que empezó hace dos días.	
	6. Le daré algo para su dolor de garganta.

Ahora represente ambos papeles según las informaciones siguientes.

Now take over both parts based on the information given below.

a) Usted ha tenido dolor de espalda desde hace tres semanas.
b) Usted ha tenido diarrea desde ayer.
c) Usted ha tenido una tos desde hace una semana.
d) Usted ha tenido fiebre desde hace dos días.

Escuche esto • Just listen!

Now listen to parts 3 and 4 of the play and answer the following questions.

Escena tres

Una feliz noticia
Sección dos

1. ¿Cómo va Mario a todas partes?
   How does Mario normally travel?

2. ¿Dónde hay una discoteca?
   Where is there a disco?

3. ¿A qué hora quiere Carmela ver a Tomás?
   When does Carmela want to see Tomás?

Sección tres

1. ¿Qué le pasa a la moto de Mario?
   What happened to Mario's motorbike?

2. ¿Qué tipo de moto es?
   What model is it?

3. ¿Cuánto costará un indicador de gasolina?
   How much is a petrol gauge going to cost?

Vacaciones • Holidays

In this unit you will learn how to
• talk about (future) plans.

Diálogos • Dialogues

Diálogo 1 Pedro Duarte (PD), Enrique Gil (EG)

PD: ¿A dónde vas a ir de vacaciones este año?	*Where are you going to spend your holiday this year?*
EG: Voy a ir a Francia.	*I'm going to go to France.*
PD: ¿Vas a ir a un hotel?	*Are you going to stay in a hotel?*
EG: No, vamos a tomar la caravana.	*No, we're going to take a caravan.*
PD: Qué buena idea. ¿Vais a estar en el norte o en el sur?	*That's a good idea. Are you going to stay in the north or the south of France?*
EG: Sí el tiempo es bueno, vamos a estar en Bretaña. Pero si no, iremos a la Costa Azul.	*If the weather is good we're going to stay in Brittany. But if it isn't we're going to drive to the Côte d'Azur.*
PD: Bueno, espero que lo paséis bien.	*Well, all the best (have fun).*
EG: Gracias. Les vacances, les vacances!	*Thanks. Les vacances, les vacances!*
PD: Ya, sí …	*Yes, yes …*

> **Voy a ir a un hotel.** *I'm going to go to a hotel.*
>
> **¿Vas a estar en un hotel?** *Are you going to be at a hotel?*

Diálogo 2 Ana Roca (AR), empleado de turismo (T)

T: Buenas tardes.	*Good morning.*
AR: Buenas tardes.	*Good morning.*
T: ¿Qué desea?	*What can I do for you?*
AR: Quiero ir a París.	*I'd like to go to Paris.*
T: Sí, señora. ¿Por cuánto tiempo?	*Yes. How long for?*
AR: Solamente por unos pocos días.	*Oh, only for a few days.*
T: ¿Va usted en tren o en avión?	*(Are you going to travel) by train or by car?*

AR:	Bueno, si no es muy caro voy en avión.	*Well, if it isn't too expensive I'm going to fly.*
T:	Sí señora. El viaje de ida y vuelta a París cuesta 320 euros.	*Yes. A return flight to Paris costs 320 euros.*
AR:	¿Y cuánto cuesta por tren?	*What does it cost by train?*
T:	Por tren cuesta unos 180 euros.	*By train it costs about 180 euros.*
AR:	Voy en tren, entonces.	*I'm going to go by train, then.*
T:	Sí, señora.	*Yes.*

¿Cómo se dice? • How to say it

1. Preguntando acerca de sus planes.

How to ask about (future) plans.

¿Va	a estar	usted	en casa en Inglaterra	este año?
	a ir	él ella	al sur a Marbella	mañana?
	a jugar		al fútbol al tenis	

¿Que va	a hacer	usted? él? ella?

Yo	voy		estar en casa.
Él Ella	va	a	ir a Francia. jugar al tenis.
Nosotros	vamos		visitar amigos.

2. Cómo expresar una condición.

How to express a condition.

| Si | el tiempo es bueno | | voy a ir a Francia. |
| | no es demasiado | caluroso caro | |

Vacaciones • Holidays

Ejercicios • Exercises

Ejercicio 1

Aquí hay unos medios de transporte:

Here are some methods of transport:

ir   en avión   *by plane*
    en tren   *by train*
    en barco   *by ship*
    en coche   *by car*

Usted va a visitar estos lugares. Usted va a viajar con los medios de transporte que proponemos a continuación.

You are going to visit these places and need the following methods of transport.

Ejemplo: Londres – avión
          El año próximo voy a visitar Londres.
          Voy a ir en avión.

Ahora es su turno.

1. Londres – avión
2. Islandia – barco
3. París – coche
4. Roma – coche

5. Viena – tren
6. Bornholm – barco
7. Copenhague – tren
8. El Cairo – avión

Ejercicio 2

Escuche el diálogo del cd. Ahora hable acerca de sus planes para las vacaciones. El cd tiene una grabación con la parte A con espacios para que usted introduzca la parte B.

Listen to the dialogue on the CD. Then talk about your own holiday. Role A is on the CD, for your Role B the second text includes gaps.

Parte A

1. ¿Dónde va usted a ir de vacaciones este año?

3. ¿Cuánto tiempo va a estar?

Parte B

2. Diga adónde va a ir.

4. Diga cuánto tiempo va a estar.

5. ¿Va a ir solo/a?

6. Diga con quién va a ir.

7. ¿Cómo va a viajar?

8. Diga cómo va a viajar.

9. ¿Qué va a hacer durante sus vacaciones?

10. Diga qué intenta hacer durante sus vacaciones.

Escuche esto • Just listen!

Now listen to parts 4 and 5 of the play – as often as you like – and try to listen out for the information which is asked about.

Escena tres

Una feliz noticia
Sección cuatro

1. ¿Qué le pasa a Carmela?
   What's wrong with Carmela?

2. ¿A dónde tiene que ir Ramón?
   Where does Ramón have to go?

3. ¿Por qué tiene que ir Rosa a la gasolinera?
   Why does Rosa have to go to the petrol station?

Invitaciones • Invitations

In this unit you will learn how to:

• invite someone.
• turn down an invitation politely.

Diálogos • Dialogues

Diálogo 1   Felicidad (F), Paco (P)

F:	Dígame.	*Hello?*
P:	Hola. ¿Eres tú, Felicidad?	*Hello. Is that you, Felicidad?*
F:	Sí. ¿Qué tal, Paco?	*Yes. Hello. Paco.*
P:	¿Qué haces mañana por la noche?	*What are you doing tomorrow evening?*
F:	¿Mañana? … Vamos a ver. Nada.	*Tomorrow? Let me think. Nothing.*
P:	Hay un concierto de música folcló-rica en el Calderón. ¿Te gustaría ir?	*There's a concert of folk music in the Calderón. Would you like to go?*
F:	Sería estupendo. Muchas gracias.	*That would be nice. Thanks.*
P:	Nos encontraremos a las 7.30.	*I'll meet you at 7.30.*
F:	Bien. ¿Dónde?	*Okay. Where?*
P:	A la entrada del Calderón.	*At the entrance.*
F:	Vale. A la entrada del Calderón a las 7.30. Me hace mucha ilusión. Adiós.	*Okay. At the entrance at 7.30. I look for-ward to it. Goodbye.*
P:	Adiós, Felicidad. Hasta mañana.	*Goodbye, Felicidad. See you tomorrow.*

Diálogo 2   Ana Roca (AR), Constanza (C)

AR:	Dígame.	*Hello.*
C:	Hola, Ana. ¿Eres tú?	*Hello, Ana. Is that you?*
AR:	¿Quién habla?	*Who's speaking?*
C:	Soy yo, Constanza.	*It's me, Constanza.*
AR:	Qué alegría saber de ti, Constanza. ¿Dónde estás?	*Constanza, how nice to hear from you. Where are you?*
C:	Estoy aquí en Sevilla con Hugo. Él está aquí de negocios.	*I'm in Seville with Hugo at the moment. He's here on business.*
AR:	Maravilloso. ¿Qué tal estáis?	*That's great. How are you both?*
C:	Estamos bien.	*We're fine, thanks.*

Invitaciones • Invitations

AR:	Constanza, ¿qué hacéis mañana por la noche?	*Constanza, what are you doing tomorrow evening?*
C:	Mañana, déjame ver. Nada. ¿Por qué?	*Tomorrow, let me think. Nothing. Why?*
AR:	Hay una representación del «Alcalde de Zalamea» de Calderón de la Barca en el teatro. ¿Os gustaría ir?	*There's a performance of «Alcade de Zalamea» by Calderón de la Barca at the theatre. Would you like to go?*
C:	Sería magnífico. Muchas gracias.	*That would be nice. Thanks.*
AR:	Nos encontraremos en el teatro a las 7 en punto.	*We'll meet at the theatre at 7.*
C:	Espera un momento. Lo siento, no podemos ir. Tengo que ver a unos amigos de Hugo.	*Just a moment. We can't come. I'm meeting a few of Hugo's friends.*
AR:	Qué pena. Quizás otro día.	*Oh, that's a real pity. Another time perhaps.*
C:	Sí, otro día será.	*Yes, another time.*
AR:	Adiós, entonces.	*Goodbye, then.*
C:	Adiós.	*Goodbye.*

¿Cómo se dice? • How to say it

1. Preguntando si puede aceptar una invitación.
How to ask whether someone is free to accept an invitation.

¿Qué vas a hacer		mañana?	Nada. (¿Por qué?)
¿Estás	ocupado libre	esta noche? el fin de semana?	¿Qué piensas?

2. Cómo decir lo que quiere hacer.
How to say what you want to do.

Hay	un concierto una película una representación del Alcalde de Zalamea	en el teatro Eslava.	Magnífico. Muchas gracias.

Invitaciones • Invitations

3. Cómo decir que no puede ir.
How to say that you are busy.

Lo siento,	estoy no estoy	ocupado. libre.
	tengo	un compromiso. que ir a Bilbao.
	no puedo	ir.

Qué pena.
Quizás otro día.

Ejercicios • Exercises

Ejercicio 1

Hay tres puntos de partida marcados con un asterisco. Siga las flechas y vea cuántas conversaciones puede construir.

Each of the three starting points are marked with asterisks. Follow the arrows and see how many dialogues you can make.

Invitaciones · Invitations

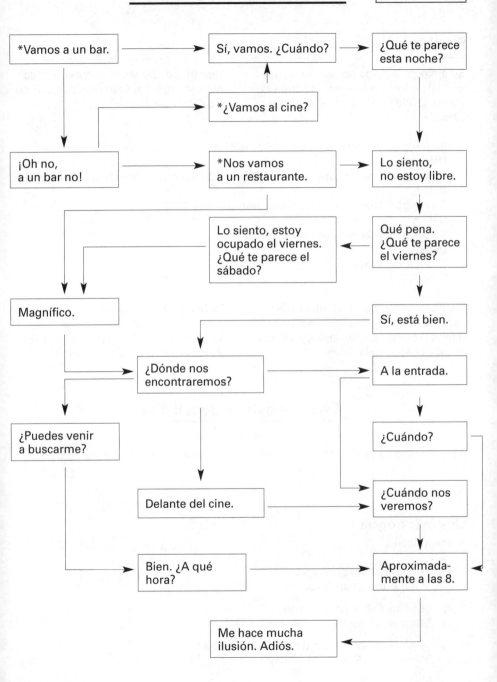

*Vamos a un bar. → Sí, vamos. ¿Cuándo? → ¿Qué te parece esta noche?

*¿Vamos al cine?

¡Oh no, a un bar no! → *Nos vamos a un restaurante. → Lo siento, no estoy libre.

Lo siento, estoy ocupado el viernes. ¿Qué te parece el sábado? ← Qué pena. ¿Qué te parece el viernes?

Magnífico.

Sí, está bien.

¿Dónde nos encontraremos? → A la entrada.

¿Puedes venir a buscarme?

¿Cuándo?

Delante del cine. → ¿Cuándo nos veremos?

Bien. ¿A qué hora? → Aproximadamente a las 8.

Me hace mucha ilusión. Adiós.

Invitaciones • Invitations

Ejercicio 2

Su amigo/a le llama por teléfono para invitarle a salir. Lo que dice su amigo/a está grabado en el cd. ¿Qué contesta usted?

Your friend phones to invite you to do something. What your friend says is on the CD. What do you say?

Su amigo: ¿Qué haces mañana por la noche?
Usted: ...
Su amigo: Hay un concierto de música folclórica en el Calderón. ¿Te gustaría ir?
Usted: ...
Su amigo: Nos veremos (encontraremos) a las 7.30.
Usted: ...
Su amigo: A la entrada del Calderón.
Usted: ...
Su amigo: Adiós.
Usted: ...

Repita la conversación completa de nuevo. Esta vez sus amigos le invitan a un baile. Repita la conversación de nuevo. Esta vez el baile es en la Sala Goya.

Make a similar dialogue. This time invite your friends to go out dancing. Make a similar dialogue. This time the dance/ball is in the Sala Goya.

Escuche esto • Just listen!

Now listen to parts 5 and 6 of the third play and answer the following questions.

Escena tres

Una feliz noticia
Sección cinco

1. ¿Cómo se llama el doctor?
   What is the doctor's name?

2. ¿Cuánta fiebre tiene Carmela?
   What is Carmela's temperature?

3. ¿Dónde estará Rosa trabajando todo el día?
   Where does Rosa work all day?

Sección seis

1. ¿Cuántos años tiene Mario?
   How old is Mario?

2. ¿Para cuándo es la boda?
   When is the wedding?

3. ¿Cuántos dormitorios tiene el piso?
   How many bedrooms are there in the flat?

Citas · Meetings

In this unit you will learn how to
- suggest doing something together with someone.
- arrange a time and place to meet.

Diálogos · Dialogues

Diálogo 1   Paco (P), José (J)

P:	Hola, José.	*Hello, José.*
J:	(Quitándose el casco y secándose la frente) Hola.	*(Takes off his helmet and wipes his fore-head.) Hello.*
P:	¿Qué tal?	*How are you?*
J:	Bah, no está mal. Menos mal que es viernes.	*Not bad. It's Friday, thank God.*
P:	¿Estás libre mañana?	*Are you free tomorrow?*
J:	Sí, hasta las 8.	*Yes, till 8 o'clock.*
P:	¿Qué te parece jugar al tenis?	*Shall we go and play tennis.*
J:	¿Mañana?	*Tomorrow?*
P:	Sí.	*Yes.*
J:	Bien. ¿A qué hora?	*Okay. What time?*
P:	¿A eso de las 10.30?	*Around 10.30?*
J:	10.30. Vale.	*10.30. All right.*
P:	¿Nos encontramos en el club?	*Shall we meet at the club.*
J:	Sí, está bien.	*Yes, okay.*

Diálogo 2   Ana Roca (AR), Constanza (C)

AR:	Constanza, mañana hay carreras de caballos en el Hipódromo. ¿Vamos a ir?	*Constanza, tomorrow there is horse racing at the Hipodromo. Shall we go?*
C:	¿Tú y yo?	*You and me?*
AR:	Sí, las dos.	*Yes, just the two of us.*
C:	Bien, ¿dónde quedamos?	*Okay. Where shall we meet?*
AR:	¿Quedamos en mi piso? Entonces podemos tomar el autobús.	*Shall we meet at my flat? Then we could take a bus.*
C:	Es una buena idea. ¿A qué hora voy?	*That's a good idea. What time should I come?*
AR:	Oh, ven a eso de la una.	*Oh, come around one.*

C:	Vale. Hay una buena obra de tea-tro. ¿Te gustaría ir?
AR:	Lo siento, pero no estoy libre. Tengo que salir con Juan. Me ha invitado a cenar.
C:	Espero que lo pases bien.

Okay, 1 o'clock. There's a good play at the theatre. Would you like to go?
I'm afraid I'm not free. I'm going out with Juan. He's invited me for dinner.
I hope you have a nice evening.

Diálogo 3   Señora García (G), Leonor (L)

L:	Dígame.	*Hello.*
G:	¿Eres tú, Leonor?	*Is that you, Leonor?*
L:	Sí, hola Valentina.	*Yes. Hello, Valentina.*
G:	¿Cómo estás?	*How are you?*
L:	Yo estoy muy bien, gracias. ¿Y tú?	*Fine, thanks. And you?*
G:	Yo me encuentro muy bien. Hace un día estupendo, ¿no crees?	*I feel very good. It's a beautiful day, isn't it?*
L:	Sí que lo hace.	*Yes, it is.*
G:	¿Vamos a dar un paseo por el campo?	*Shall we go for a walk in the park?*
L:	Sí, que buena idea. Me gustaría ir a dar un paseo. ¿A qué hora nos encontramos?	*That's a good idea. Yes, I'd like to go for a walk. What time shall we meet?*
G:	¿Qué te parece dentro de 20 minu-tos?	*In 20 minutes?*
L:	Sí, está bien. En 20 minutos. Gra-cias por invitarme.	*Yes, all right. Thanks for the invitation.*
G:	De nada. Nos vemos pronto.	*Don't mention it. See you in a minute.*
L:	Sí, en 20 minutos.	*Yes, in 20 minutes.*
G:	Hasta entonces.	*Till then.*
L:	Adiós.	*Goodbye.*

¿Cómo se dice? • How to say it

Cómo pedir una cita.
How to arrange a meeting.

Cita = *a date with friends*

Citas • Meetings

a) Cómo proponer una actividad conjunta.
How to suggest doing something together.

Hay	carreras un concierto una obra de teatro	esta noche. mañana.

¿Vamos a ¿Te gustaría	ir?

Oh, qué buena idea.
Sería estupendo.
Lo siento, no estoy libre.

¿Vamos a	jugar al tenis ir a dar un paseo	esta noche?

b) Cómo proponer una hora.
How to suggest a time.

Te espero Nos reuniremos	en	20 minutos. media hora.
	a las	dos en punto. 5.30.

Vale.
Está bien.

No, es un poco
temprano/tarde.

¿Cuándo ¿A qué hora	nos encontramos?

A las 6.30.

c) Cómo proponer un lugar.
How to suggest a place.

¿Nos encontraremos	delante del teatro? en el club? en mi/tu piso?

Sí, vale.
¿Dónde está eso?

¿Dónde nos encontramos? – En el club.

Citas • Meetings

Ejercicios • Exercises

Ejercicio 1

Imagine que alguien le pregunta a qué hora van a encontrarse. Sugiera una hora apropiada.

Imagine that someone asks when you want to meet. Suggest an appropriate time.

Ejemplo: Amigo: ¿A qué hora nos encontramos?
Usted: Nos encontraremos a las 10 en punto.

Diga que se encontrará con su amigo a las horas siguientes.

Say that you want to meet your friend at the following times.

a) 11.00	c) 12.30	e) 14.45	g) 16.00
b) 17.15	d) 19.30	f) 19.45	h) 20.00

Ejercicio 2

Imagine que alguien le pregunta dónde van a encontrarse. Sugiera un lugar apropiado.

Imagine that someone asks you where you want to meet. Suggest an appropriate place.

Ejemplo: Amigo: ¿Dónde nos encontraremos?
Usted: ¿Nos encontramos en el teatro?

Diga que usted se encontrará con su amigo en los lugares siguientes.

Say that you want to meet your friend at the following places.

a) cine
b) estación
c) parada del autobús
d) bar
e) en la esquina del Retiro y calle Cibeles
f) en el café Sirena

Citas • Meetings

Ejercicio 3

Este diálogo se encuentra en el cd.
Escúchelo atentamente.

This conversation is on the CD.
Listen to it carefully.

Pedro: ¿Qué haces mañana?
Juana: Nada, ¿por qué?
Pedro: Hay una buena película en el Amaya.
¿Te gustaría ir?
Juana: Estupendo. ¿Dónde quedamos?
Pedro: ¿Quedamos en el bar Albéniz?
Juana: No estoy segura dónde está.
Pedro: Está al final de la calle Balmes en la esquina de Gracia.
Juana: Bien. ¿A qué hora quedamos?
Pedro: A las 7.30.
Juana: Hasta luego.

Haga conversaciones similares usando
la información siguiente.

Now hold a similar conversation using
the following information.

a) Amaya – calle San Pedro/Medinaceli – 20.00.
b) Correos – Plaza Chamberi – 17.30.

Escuche esto • Just listen!

Now listen to part 7 and 8 of the third play and try again to listen out for the
information which is asked about.

Escena tres

Una feliz noticia
Sección siete

1. ¿Qué tal el trabajo de Mario?
   What is Mario's work like?

2. ¿Dónde van Carmela y Mario de luna de miel?
   Where are Carmela and Mario going to go on their honeymoon?

3. ¿Cómo van a ir al cámping Carmela y Mario?
   How are Carmela and Mario going to get to the camp site?

Citas • Meetings

Sección ocho

1. ¿Cómo se llama el cámping?
   What is the name of the camp site?

2. ¿Cuánto tiempo estarán Carmela y Mario en el cámping?
   How long are Carmela and Mario going to stay at the camp site?

3. ¿Dónde está el cámping?
   Where is the camp site?

Ropa • Clothes

In this unit you will learn how to

* say several phrases connected with buying clothes and presents.

Diálogos • Dialogues

Diálogo 1   Ana Roca (AR), dependienta (D)

D:	¿Qué desea?	*Can I help you?*
AR:	Quisiera un par de guantes.	*Yes. I'm looking for a pair of gloves.*
D:	Sí, señora. ¿De qué número?	*Certainly. What size?*
AR:	Del número 7.	*I take size 7.*
D:	Aquí tiene unos del número 7.	*Here are some size 7.*
AR:	Oh no. Yo los quiero de piel.	*Oh, no. I'd like some in leather. Certainly. Here are some leather gloves size 7.*
D:	Sí, señora. Aquí tiene unos de piel del número 7.	
AR:	¿Me los puedo probar?	*Can I try them on?*
D:	Naturalmente, señora.	*Of course, madam.*
AR:	Creo que necesito este tipo de guante, pero un número más grande.	*I think I'd like these but one size larger.*
D:	Sí, señora. Aquí tiene unos del número 7 1/2.	*Yes. Here are some size 7 1/2.*
AR:	Sí, éstos me gustan. ¿Tiene éstos en azul?	*Yes, they are very nice. Have you got this size in blue.*
D:	Lo siento mucho, señora, pero no los tenemos en azul.	*I'm sorry. We don't have these in blue.*
AR:	Ya. Los dejo entonces. Adiós.	*Oh, I see. I'll leave it, then. Goodbye.*
D:	Adiós, señora.	*Goodbye.*

Diálogo 2   Enrique Gil (EG), dependienta (D)

EG:	Buenas tardes.	*Good morning.*
D:	Buenas tardes, señor.	*Good morning.*
EG:	Estoy buscando algo para mi esposa.	*I'm looking for something for my wife.*
D:	¿Ha pensado en algo?	*Are you thinking of anything in particular?*
EG:	Ella tiene ya muchas joyas.	*She's got quite a lot of jewellery already.*
D:	¿Qué le parece un perfume?	*How about some perfume?*

Ropa • Clothes

EG:	¿Qué recomienda usted?
D:	«Maderas de Oriente» está muy de moda de momento.
EG:	¿Puedo probarlo?
D:	Sí, claro.
EG:	(Oliendo) Mmm. Me gusta. ¿Cuánto es?
D:	20 euros.
EG:	Entonces deme un frasco.
D:	Sí, señor. Gracias.

What can you recommend?
«Maderas de Oriente» is very popular.

Can I try it?
Certainly.
(Smells) Mmm. I like it. How much is it?

One ounce is 20 euros.
I'll take a bottle.
Certainly. Thank you.

¿Cómo se dice? • How to say it

1. Cómo preguntar por un artículo de ropa.
How to ask for clothes.

¿Tiene usted	un vestido? un jersey? una corbata?	
	un par de	zapatos?
		unas medias?

2. Cómo describir lo que quiere.
How to describe what you want.

¿Qué color	está usted buscando?
¿Qué talla	necesita?
¿Qué tela	quiere?

Algo en	rojo. amarillo. azul oscuro. lana. piel.

Yo necesito	la talla	34.
Yo tomo		36.
Yo quiero		38.

Ropa • Clothes

3. Cómo preguntar por algo diferente.
How to ask for something different.

Yo creo que necesito			una talla	más pequeña. más grande.
Tiene usted	este tipo,	pero	en	azul. verde. nilón. seda.

4. Cómo se dice que necesita un consejo.
What to say when you want some advice.

Estoy buscando	algo un regalo	para	mi esposa. un bebé. mi esposa. una joven. un caballero.

Otras frases para ir de compras:

Some more useful phrases:

¿Puedo probarlo?	*Can I try it on?*
¿Puedo probarlo/probarlos?	*Can I try them on?*
Lo tomo.	*I'll take it.*
¿Me lo puede envolver, por favor?	*Could you wrap it up, please?*
¿Cuánto es?	*What does it cost?*
¿Cuánto cuestan?	*How much are they?*
No creo que lo vaya a tomar.	*I don't think I'll take it. I'll leave it.*
Estoy mirando solamente.	*I'm just looking.*

Ropa · Clothes

Ejercicios · Exercises

Ejercicio 1

Imagine que usted es un hombre de negocios que visita Barcelona. Usted ha encontrado una bonita tienda en el Paseo de Gracia. La dependienta le ofrece muchas cosas y usted pregunta el precio de cada una de ellas. Sin embargo, usted piensa en un regalo para su esposa y solamente compra cosas apropiadas para ella.

Imagine you are a businessman on a visit to Barcelona. You have found a very nice boutique in the Paseo de Gracia. The sales assistant offers you several things and you ask about the price each time. However, as you are thinking of buying something for your wife, you only buy items which are suitable for her.

Ejemplo: Dependienta: Aquí tiene usted una falda muy bonita.
Usted: ¿Cuánto vale?
Dependienta: 40 euros.
Usted: La tomo.
Dependienta: Esta corbata es muy bonita.
Usted: ¿Cuánto vale?
Dependienta: 10 euros.
Usted: No, gracias. Lo dejo.

Ahora haga conversaciones similares.   *Now make similar dialogues.*

Dependienta:
1. Aquí tiene un bonito par de calcetines.
2. ¿Puedo sugerirle este collar?
3. ¿Le gusta este chaleco?
4. ¿Qué le parece esta blusa de seda?
5. ¿Y unos pendientes?
6. Aquí tiene un bonito par de gemelos.

Ejercicio 2

Estudie este modelo de conversación cuidadosamente. Está en el cd también.

Look at this model dialogue carefully. It is also on the CD.

Dependienta: ¿Puedo ayudarle?
Cliente: Estoy buscando un jersey.
Dependienta: ¿Qué talla necesita?

Ropa • Clothes

Cliente:	Necesito la talla 40.
Dependienta:	¿Qué material prefiere?
Cliente:	Lana.
Dependienta:	¿Qué color desea?
Cliente:	Azul claro.
Dependienta:	Este es muy elegante.
Cliente:	Sí, me gusta éste. ¿Cuánto cuesta?

Aquí hay diferentes tipos de ropa que usted desea comprar. Represente su papel en la conversación.

Here are some clothes which you would like to buy. Play your role in the gap dialogue on the CD.

1. Una falda de algodón – talla 42 – rojo.
   (No se olvide de pedir el precio.)

2. Una blusa de seda – talla 38 – color rosado.

Ejercicio 3

Imagine que usted es una clienta de una boutique. Está comprando unos pantalones. Represente su papel en la conversación. También hay una conversación en el cd.

Imagine that you are a customer in a boutique. You buy a pair of trousers. Can you play your role in the gap dialogue? There is a corresponding dialogue on the CD.

Dependienta

Buenas tardes, ¿qué desea?

Sí, señora. ¿Qué talla?

¿Qué color está buscando, señora?

Aquí tiene un bonito par de pantalones rojos.

¿Qué le parece este par en marrón?

Naturalmente, señora. El probador está allí.

Cliente

You are looking for a pair of trousers.

Size 26.

Red or brown.

You don't like them.

You like them – you want to try them on.

Too small – a little larger.

Estoy mirando. No, lo siento mucho,
señora. Es la única talla que tenemos
en marrón.   *You say thank you and say goodbye.*

Escuche esto • Just listen!

A new play begins in this unit. Listen to part 1 until you can answer the following questions.

Escena cuatro

Cristóbal Colón
Sección uno

1. ¿En qué zona de Barcelona hay una estatua de Cristóbal Colón?
   In which part of Barcelona is the statue of Christopher Columbus?

2. ¿Nació Cristóbal Colón en Barcelona?
   Was Christopher Columbus born in Barcelona?

3. ¿Cuándo se reconquistó Granada?
   When did he reconquer Granada?

Telefoneando • Telephoning

In this unit you will learn how to
- answer the telephone.
- ask for someone.
- leave a message.

Diálogos • Dialogues

Diálogo 1   Ana Roca (AR), una voz

AR: Oiga.	Hello.
voz: Dígame.	Hello.
AR: ¿Puedo hablar con el señor Paz?	Can I speak to señor Paz?
voz: ¿El señor Paz? Creo que se ha confundido de número.	Señor Paz? I think you've got the wrong number.
AR: ¿Es el 241 81 00?	Isn't that 241 81 00?
voz: No. Éste es el 241 81 02.	No. It's 241 81 02.
AR: Siento haberle molestado.	I'm sorry to bother you.
voz: Está bien. Adiós.	That doesn't matter. Goodbye.
AR: Adiós.	Goodbye.

Diálogo 2   Enrique Gil (EG), una voz

voz: Hola, Juan Santos al habla.	Hello, Juan Santos (speaking).
EG: ¿Está Pedro Santos, por favor?	Is Pedro there (please)?
voz: Un momento, por favor. No, lo siento. No está aquí en este momento.	Just a moment, please. No, I'm afraid he's not here at the moment.
EG: ¿Puede darle un mensaje por favor?	Could you give him a message, please?
voz: Sí. Naturalmente.	Yes, of course.
EG: ¿Puede decirle que telefonee a Enrique Gil cuando llegue?	Would you ask him to phone Enrique Gil when he gets back?
voz: Enrique Gil. Sí. Se lo diré.	Enrique Gil? Yes, I'll ask him to do that.
EG: Gracias.	Thank you.
voz: De nada.	You're welcome.
EG: Adiós.	Goodbye.
voz: Adiós.	Goodbye.

Diálogo 3   Paco (P), Jaime (J)

J:	Dígame.	*Hello.*
P:	Soy Paco López. ¿Puedo hablar con Mariano?	*Paco López here. Can I speak to Mariano, please?*
J:	¿Con quién?	*Who?*
P:	¿Puedo hablar con Mariano Barrios?	*Can I speak to Mariano Barrios, please?*
J:	Mariano no está.	*Mariano isn't here.*
P:	¡Qué lata!	*That's annoying.*
J:	Lo siento mucho, pero no puedo hacer nada.	*Sorry, but I can't help that.*
P:	¿Puedo dejarle un mensaje?	*Can I leave a message?*
J:	Un momento.	*Just a moment.*
P:	¿Puede decirle que me telefone?	*Could you ask him to phone me back?*
J:	¿Quién habla, por favor?	*Who's speaking, please?*
P:	Es Paco López al habla.	*Paco López.*
J:	¿Puede deletrearlo por favor?	*Could you spell that, please?*
P:	P-A-C-O L-Ó-P-E-Z.	*P-A-C-O- L-Ó-P-E-Z.*
J:	¿Y cuál es su número?	*And what's your telephone number?*
P:	Mi número es el 204 27 54.	*My number is 204 27 54.*
J:	Bien. Le diré a Mariano que le llame por teléfono.	*Okay. I'll ask Mariano to phone you.*
P:	Muchas gracias. Adiós.	*Thanks a lot. Goodbye.*
J:	Adiós.	*Goodbye.*

¿Cómo se dice? · How to say it

1. Cómo presentarse.

How to say who you are.

Hola,	Jaime Santos	al habla.
	María Barrios	

2. Cómo preguntar por alguien.

How to ask if you can speak to someone.

¿Puedo	hablar con	el Dr. Díaz	por favor?
¿Es posible		la señora Ruiz	

Telefoneando · Telephoning

Un momento, por favor.
Lo siento … no está.
¿Puede telefonear más tarde?
No hay un señor … aquí.
Se ha equivocado de número.

3. Cómo dejar un mensaje.
How to leave a message.

¿Puedo dejar	un recado, por favor?

Sí, naturalmente.
Un momento.

Puede usted por favor	decirle preguntarle	a él a Mariano a ella	que … por …

Sí,	le diré a él/ella. le preguntaré a él/ella.

Ejercicios · Exercises

Haciendo llamadas telefónicas
En los ejercicios siguientes vamos a pedirle que haga varias llamadas telefónicas a estos números. Intente hacerlas, quizás con un compañero. Después, compruebe sus respuestas en el cd.

Holding telephone conversations
In the following exercises you will be asked to hold various telephone conversations with the numbers given.
Try to do them with a partner and check your results with the help of the CD.

Ejercicio 1

El Corte Inglés
Plaza de Cataluña, 14
Barcelona. Tel. 93-302 12 12.

Phone El Corte Inglés. Say who you are. You would like to speak to María Santos.

Ejercicio 2

Agencia «Mundo nuevo»
Amistades – matrimonio
Gran Vía 86 – Edificio España
Madrid. Tel. 91-248 35 05

Phone Mundo nuevo. Make sure that you've dialled the right number. Say who you are. You would like to speak to señor Rafael López. You find out that he isn't there. You would like to leave a message.

Ejercicio 3

Oficina de Turismo
Torre de Madrid (Plaza de España)
Madrid. Tel. 91-241 23 25

You would like to phone señor Carrillo. Say who you are and ask for him. The Oficina de Turismo answers. You've dialled the wrong number and apologize for bothering them.

Ejercicio 4

Academia VOX. Español intensivo para extranjeros.
Gran Vía 59.
Madrid. Tel. 91-247 17 63

You phone the Academia VOX. Make sure that you have dialled the correct number. Say who you are. You would like to speak to señor Santos. He isn't there. You leave a message.

Ejercicio 5

Hotel Regente
Rambla de Catalunya, 76
Barcelona. Tel. 93-215 25 70

Phone the Hotel Regente. You would like to speak to señora Rodríguez. You are told that he isn't there. Ask if she can phone you back. Give your telephone number.

Telefoneando • Telephoning

Recibiendo llamadas telefónicas
En los siguientes ejercicios usted recibirá llamadas telefónicas. Concéntrese en su parte. Pero si quiere puede ponerse en el papel de otros personajes. Compruebe sus respuestas en el cd.

Answering telephone calls
In the following exercises you will receive several phone calls. Concentrate on your role. If you like you can take both roles. Check your answers with the help of the CD.

Ejercicio 6

The phone rings. You answer it. The caller would like to speak to señora Molina. Señora Molina isn't there. You ask whether the caller would like to leave a message.

Ejercicio 7

The phone rings. You answer it and ask who is calling. The caller would like to speak to señora Bernarda. Señora Bernarda isn't there. You ask the caller to phone back later.

Ejercicio 8

The phone rings. The caller would like to speak to señor López, who you don't know. You think that they've dialled the wrong number. You say what your number is and tell the caller that they've got the wrong number.

 Note: In Spain people always answer the phone with «Dígame!» and not with their name or number.

Escuche esto · Just listen!

Now listen to parts 2 and 3 of the fourth play and answer the following questions.

Escena cuatro

Cristóbal Colón

Sección dos

1. ¿Cuántas carabelas compró Colón?
   How many «carabelas» did Columbus buy?

2. ¿En qué carabela fue Colón?
   In which «carabela» did Columbus travel?

3. ¿Cuándo salieron de España?
   When did they leave Spain?

Pérdidas • Loss

In this unit you will learn how to

• report a loss or theft.
• say where or when you lost something.
• describe an item.

Diálogos • Dialogues

Diálogo 1   Ana Roca (AR), empleado de la oficina de objetos perdidos (E)

AR:	¿Puede ayudarme, por favor?	*Can you help me, please?*
E:	Sí, señorita.	*Yes.*
AR:	He perdido mi maleta.	*I've lost my suitcase.*
E:	¿Cómo es?	*What does it look like?*
AR:	Es de piel.	*It's made of leather.*
E:	¿De qué color?	*What colour is it?*
AR:	Es azul.	*It's blue.*
E:	¿Es nueva?	*Is it new?*
AR:	Sí, muy nueva. Y tiene una cremallera.	*Yes, it's brand new. And it has a zip.*
E:	¿Es ésta?	*Is it this one?*
AR:	Ay, sí. Muchas gracias.	*Oh, yes. Thank you very much.*

Diálogo 2   Enrique Gil (EG), camarero (C)

EG:	Oh, perdone. Me he olvidado de mi máquina fotográfica. ¿La tiene usted?	*Excuse me. I've forgotten my camera. Have you got it?*
C:	¿Qué tipo de máquina es?	*What sort of camera is it?*
EG:	Es una Leica vieja.	*It's an old Leica.*
C:	¿Tiene un estuche?	*Has it got a case?*
EG:	Sí, tiene un estuche de piel.	*Yes, it's in a leather case.*
C:	¿De qué color?	*What colour?*
EG:	Marrón.	*It's brown.*
C:	¿Es ésta?	*Is this it?*
EG:	Oh, sí. Muchas gracias.	*Oh, yes. Thank you very much.*

Pérdidas • Loss

Diálogo 3   Señora García (G), encargado (E)

G:	(Muy preocupada) Oh, encargado.
E:	Comisario, señora. Comisario Rivera.
G:	Lo siento comisario. He perdido mi perro.
E:	¿Cómo se llama su perro?
G:	Tizón. Se llama Tizón.
E:	Muchos perros se llaman Tizón, señora. ¿Qué tipo de perro es?
G:	Es un caniche. Un caniche negro.
E:	Tenemos muchos caniches, señora.
G:	Pero Tizón viene cuando le llamo.
E:	La mayoría de los perros vienen cuando se les llama, señora.
G:	Pero solamente mi Tizón viene cuando yo le llamo.
E:	Bien señora.
G:	(Llamando) Tizón! Tizón! Allí está. Oh gracias, comisario.

(Worried) Constable.
Inspector, madam. Inspector Rivera.
I'm sorry, inspector. I've lost my dog.
Your dog? What's it's name?
Tizón. He's called Tizón.
Lots of dogs are called Tizón. What kind of dog is it?
He's a poodle. A black poodle.
We have several poodles here.
But Tizón comes when I call.
Most dogs come when you call them.
But only my Tizón comes when I call him.
Yes, all right.
(Calls) Tizón! Tizón! That's him. Oh thank you, inspector.

¿Cómo se dice? • How to say it

> When talking about the topic «Loss or Theft» you use the following verbs. As a loss or theft always belongs to the past you use the Past Tense when talking about it.

Infinitive (infinitivo)		Past Simple (pretérito)	Perfect (perfecto)
perder	lose	perdió	perdido
olvidar	forget	olvidó	olvidado
tomar	take	tomó	tomado
robar	steal	robó	robado
poner	place, put	puso	puesto
ver	see	vio	visto
dejar	leave	dejó	dejado
tener	have	tuvo	tenido

Questions:

¿Dónde	vio su máquina fotográfica?
¿Cuándo	perdió su cartera?

Where	did you see your camera?
When	did you lose your purse?

He perdido mi máquina fotográfica.
I've lost my camera.

Ayer perdí mi máquina fotográfica.
I lost my camera yesterday.

1. Cómo denunciar una pérdida o robo.
How you report a loss or theft.

Yo he	perdido olvidado	mi (s) nuestro/a(s)	máquina fotográfica. pasaporte. maleta. llaves.
Alguien ha	tomado robado		bolso. cheques de viaje.

2. Cómo decir dónde ha perdido algo.
How you say where the loss took place.

¿Dónde lo	puso? vio últimamente? perdió?

Yo	lo dejé lo vi lo tuve	en	el restaurante. el metro. el autobús.
Nosotros	lo dejamos lo vimos lo tuvimos		la playa. la mesa.

3. Cómo indicar la hora en que ha perdido algo.
How you say when the loss occurred.

¿Cuándo	perdió vio	su	maleta? bolso?

Yo	lo la	vi tuve perdí	ayer. hace 10 minutos. la semana pasada.
Nosotros	lo la	vimos tuvimos perdimos	

4. Cómo describir lo que ha perdido.
How you describe a lost item.

¿Puede describirlo? ¿Puede describirlos? ¿Puede describir la máquina fotográfica?

Es Son	de	piel. goma. plata. plástico.

	estado (Item)	color (Colour)	talla (Size)	tipo (Shape)
Es Son	muy nuevo/a/s moderno/a/s bastante viejo/a/s	blanco/a/s marrón	grande/s pequeño/a/s	corto/a/s largo/a/s redondo/a/s cuadrado/a/s

Pérdidas • Loss

Ejercicios • Exercises

Ejercicio 1

Diga que ha perdido las siguientes cosas.

Say that you have lost the following items.

1. pasaporte
2. maleta
3. llaves
4. bolso

5. cheques de viaje
6. paraguas
7. encendedor
8. reloj de pulsera

Ejercicio 2

Lea las conversaciones siguientes. Están en el cd.

Read the following dialogues. They are also on the CD.

Usted: Por favor, he perdido mi maleta.
Empleado: ¿Puede describirla?
Usted: Es nueva.
Empleado: ¿Dónde la perdió?
Usted: En el metro.
Empleado: ¿Es ésta su maleta?
Usted: Oh, sí, ésta es. Gracias.

Usted: Por favor, he perdido mis gafas.
Empleado: ¿Puede describirlas?
Usted: Son nuevas.
Empleado: ¿Dónde las perdió?
Usted: En el autobús número 14.
Empleado: ¿Son éstas sus gafas?
Usted: Oh sí, lo son. Gracias.

Participe en las conversaciones similares fingiendo que usted ha perdido los artículos siguientes.

Play your role in similar dialogues. You have lost the following items.

Paraguas – nuevo – autobús número 73.
Cartera – muy nueva – servicio de señoras.
Bolso – piel – café.
Bolsa – el carnet de conducir y las llaves del coche – autobús.

Ejercicio 3

OFICINA DE OBJETOS PERDIDOS				
	LUNES	MARTES	MIÉRCOLES	JUEVES
Objeto encontrado:	Bolso	Bolsa	Paraguas	Reloj de pulsera
Color:	Marrón	Blanca	Negro	Oro
Estado:	Viejo	Nueva	Nuevo	Nuevo
Contenido:	Pasaporte Gafas de sol Dinero suelto	Botella de vino Seis huevos Barra de pan Llaves de casa Cartera		
Encontrado:	Museo del Prado	Fuera de Simago	Estación de Atocha	Hotel Roy

Escuche la conversación siguiente en el cd. Lea la información anterior, decida qué es lo que ha perdido y complete la conversación.

Listen to the following dialogue on the CD. Then look at the information table and choose an item that you have lost. Now complete the dialogue accordingly.

Empleado: ¿Puedo ayudarle?
Usted: Sí, he perdido mi maleta.
Empleado: ¿De qué color es?
Usted: Es marrón.
Empleado: ¿Es nueva?
Usted: Sí, es completamente nueva.
Empleado: ¿Puede decirme que hay en ella?
Usted: Toda mi ropa está en ella.
Empleado: ¿Puede decirme donde la perdió?
Usted: En el museo de Bellas Artes.
Empleado: ¿Es ésta?
Usted: Oh sí, muchas gracias.

Pérdidas • Loss

Escuche esto • Just listen!

Now listen to the last two parts of the fourth play and answer the following questions.

Escena cuatro

Cristóbal Colón

Sección tres

1. ¿Cuánto tiempo navegaron?
   How long did they sail?

2. ¿Cuándo descubrió tierra Colón?
   When did Columbus reach land?

3. ¿Cómo se llamaba el marinero que vio tierra?
   What was the name of the sailor who sighted land?

Sección cuatro

1. ¿Cuándo regresó Colón a España?
   When did Columbus return to Spain?

2. ¿Cuántos viajes hizo Colón a América?
   How often did Columbus sail to America?

3. ¿Cuándo murió Colón?
   When did Columbus die?

Servicios • Services

In this unit you will learn how to
* take things to be repaired or cleaned.

Diálogo • Dialogue

Diálogo Felicidad (F), dependiente (D)

F: Buenos días.	*Good morning.*
D: Buenos días.	*Good morning.*
F: Quisiera que me reparase esta radio, por favor.	*I'd like to have this radio repaired.*
D: ¿Puedo verla? ¿Qué le pasa?	*Could I have a look at it? What's wrong with it?*
F: Hace un ruido extraño.	*It makes a funny noise.*
D: ¿Dónde la compró?	*Where did you buy it?*
F: La compré aquí.	*I bought it here.*
D: ¿Tiene la garantía?	*Have you got the guarantee?*
F: No, lo siento, no la tengo.	*No, I'm afraid I haven't got it.*
D: Haré todo lo posible, pero no le puedo prometer nada.	*I'll do my best, but I can't promise anything.*
F: Bien. ¿Puede tenerla lista para la semana próxima?	*That's all right. Could you have it done by next week?*
D: No se lo puedo prometer. Pero haré todo lo posible.	*I'll do my best.*
F: ¿Cuánto cree que va a costar?	*How much will it cost, do you think?*
D: No lo sé exactamente. Entre 10 y 20 euros.	*I don't really know. Between 10 and 20 euros.*
F: ¡Uy! Vale.	*Oh, no. Well, okay.*

¿Cómo se dice? • How to say it

1. Cómo preguntar para que le limpien o reparen cosas.
How you can take things to be cleaned or repaired.

Quisiera tener	mi esta	camisa máquina fotográfica	limpia/o/s. reparada/o/s. zurcida/o/s.
	estos	pantalones zapatos	
		radio	

Servicios • Services

2. Cómo describir los defectos.

How you describe general faults/defects.

¿Qué le pasa	a	esto?

está roto	– *is broken*
no marcha, no funciona	– *doesn't work any more*
hace un ruido extraño	– *makes a funny noise*
tiene una mancha	– *has a mark*

3. Cómo preguntar cuándo estará listo.

How to ask when it will be ready.

¿Puede tenerlo listo	mañana? a las 5? la semana próxima?

Ejercicios • Exercises

Ejercicio 1

Parece que estas frases se han mezclado. ¿Puede usted separarlas? La traducción le puede ayudar.

These sentences seemed to have got jumbled up. Can you put them in the right order? The translation can help you.

Quiero tener mi piano revelado.	*(develop)*
Quiero tener mi traje reparados.	*(repair)*
Quiero tener mis zapatos cortado.	*(cut)*
Quiero tener esta película planchado.	*(iron)*
Quiero tener mi pelo arreglada.	*(shirts)*
Quiero tener esta camisa planchada.	*(iron)*
Quiero tener esta radio afinado.	*(tune)*

Servicios • Services

Ejercicio 2

Usted ha tenido un accidente de vuelta a casa. Se ha caído de la bicicleta, toda su ropa está sucia y se ha roto muchas cosas. Ha de repararlas. Usted va a varias tiendas. ¿Qué dice usted?

On your way home you had an accident and fell off your bike. All your clothes are dirty and everything is broken. You have to have the damage repaired. You go into different shops. What do you say?

1. Mi abrigo está muy sucio. Quiero que lo limpien.
2. Mi reloj está roto. Quiero que lo reparen.
3. Mi sombrero está sucio. Quiero …
4. Mi máquina fotográfica está rota.
5. Mi camisa está sucia.
6. Mis pantalones están arrugados.

Ejercicio 3

Imagínese que usted es una persona muy perezosa. Su amigo Andrés es muy activo y hace las cosas él mismo. Usted en cambio quiere que se lo hagan todo.

Imagine that you are really lazy. Your friend Andrés is very active and does everything himself. You want everything to be done for you.

Ejemplo: Andrés: Voy a lavar mi coche.
          Usted: Quiero que me laven el coche.

Escuche en el cd lo que Andrés va a hacer. Entonces usted puede ordenar que le hagan las cosas.

Listen to the CD and hear everything that Andrés will do. Then you can have the same things done in your own lazy way.

Andrés: Voy a lavar el coche.
         Voy a limpiar las ventanas.
         Voy a lavar mi camisa.
         Voy a arreglar la cocina.
         Voy a hacer la cama.
         Voy a planchar mis pantalones.
         Voy a limpiar mis zapatos.
         Voy a cepillar mi traje.
         Voy a reparar el cortacésped.
         Voy a poner un plomo.

Servicios · Services

Escuche esto · Just listen!

Listen to the fifth play, part 1, and try to listen out for the information which is being asked for.

Escena cinco

De vacaciones

Sección uno

1. ¿Cómo se llama el presentador de «La hora punta»?
   What is the presenter of «La hora punta» called?

2. ¿Cuántos invitados hay en el estudio?
   How many guests are there in the studio?

3. ¿Cuántos años tiene Victoria?
   How old is Victoria?

1. ¿Cuántos hijos tiene Luis?
   How many children has Luis got?

2. ¿Qué le gusta hacer a Luis en la playa?
   What is Luis doing on the beach?

3. ¿Qué descuento les hacen a los empleados de la fábrica de Luis?
   How much discount do the employees get in Luis' factory?

Accidentes • Accidents

In this unit you will learn how to

- report accidents.
- describe how an accident happened.

Diálogos • Dialogues

Diálogo 1   policía (P), un hombre (H), una mujer (M)

P:	¿Es usted el conductor de este coche, señor?	*Are you the driver of this car?*
H:	Sí.	*Yes.*
P:	Es usted el conductor de este coche, señora?	*Are you the driver of this car?*
M:	Sí, lo soy.	*Yes, I am.*
P:	¿Puede decirme lo que ha pasado?	*Can you tell me what happened?*
M:	Estaba yo conduciendo por el Paseo de la Castellana cuando ví a un niño en el paso cebra.	*I was driving along the Paseo de la Castellana when I saw a boy on the zebra crossing.*
P:	¿Qué estaba haciendo él?	*What was he doing?*
M:	Estaba cruzando la calle, y yo frené.	*He was crossing the road and I braked.*
P:	¿Es eso todo, señora?	*Is that all?*
M:	Bueno, este hombre iba detrás de mí y chocó conmigo. Conducía demasiado deprisa.	*Well, this man was driving behind me and crashed into me. He was driving too fast.*
H:	(Indignado) Eso no es verdad. Yo iba bastante despacio.	*(Angrily) That's not true! I was driving slowly.*

Diálogo 2   policía (P), un hombre (H), una mujer (M)

P:	¿Puede decirme lo que ha pasado, señor?	*Could you tell me what happened?*
H:	Sí. Yo estaba conduciendo por el Paseo de la Castellana.	*Yes. I was driving along the Paseo de la Castellana.*
P:	¿A qué velocidad iba usted?	*How fast were you driving?*
H:	Yo iba bastante despacio. A unos 45 kilómetros por hora.	*I was driving fairly slowly. About 45 kilometres per hour.*
P:	¿Iba detrás del coche de la señora?	*Were you driving behind this lady's car?*

   Accidentes • Accidents

H:	Sí. Ella estaba delante de mí, a mi izquierda.	*Yes. She was in front of me, to the left.*
P:	¿Iba usted muy cerca de ella?	*Were you driving close up to her.*
H:	No, ella estaba bastante lejos de mí.	*No, she was quite far away from me.*
P:	¿A qué distancia?	*How far?*
H:	A unos 10 o 13 metros.	*About 10 to 13 metres.*
M:	Eso no es verdad. Iba muy cerca de mí.	*That's not true! He was driving close behind me.*
P:	Perdone, señora. Pero estoy hablando con este caballero.	*Excuse me, madam. I was talking to this gentleman.*
M:	Sí, naturalmente.	*Yes, of course.*
P:	¿Qué pasó entonces, señor?	*What happened then?*
H:	Esta señora de repente se desvió a la derecha. Yo frené inmediatamente, pero choqué contra ella.	*This lady suddenly swerved to the right. I braked as fast as possible, but I ran into the back of her.*

¿Cómo se dice? • How to say it

1. Cómo decir dónde estaba y qué estaba haciendo cuando ocurrió el accidente.

How to say where you were at the time of the accident and what you were doing at that time.

Yo Él Ella	estaba	en en	la calle Pizarro. el paso de cebra. la acera.	
	iba estaba conduciendo	por ...		
Nosotros Ellos	estábamos estaban	dando la vuelta hacia ... cruzando.		
		adelantando siguiendo	al	autobús. coche.
		conduciendo detrás	de la	bicicleta.

2. Cómo decir qué pasó (de repente).

How to report what (suddenly) happened.

Un Ese	coche hombre autobús niño	(de repente)	cruzó la calle. se paró. salió de la esquina. dió la vuelta a la derecha.

Ejercicios • Exercises

Ejercicio 1

Imagine que usted tiene que contestar a las preguntas de un policía acerca de dónde estaba usted cuando ocurrió el accidente. Use la información siguiente.

Imagine that you have to answer the questions of a police officer, who wants to know where you were when the accident happened. Use the following information.

Ejemplo: 1) Calle Campos – acera
Yo estaba en la acera de la calle Campos.
2) Calle Carrillo/Nueva
Yo estaba en la esquina de la calle Carrillo y Nueva.

a) Avenida Paralelo/Urgell
b) Calle Recoletos – acera
c) Calle Montera – junto a Jardines
d) Calle Valdés – acera
e) Calle de la Iglesia/calle de Trafalgar
f) Calle Victoria – acera

Ejercicio 2

En este caso usted estaba viajando en un coche.

This time you were driving a car.

Ejemplos: 1) Calle Prim
Yo estaba conduciendo por la calle Prim.
2) Calle Montera – Calle Jardines
Yo estaba doblando la esquina de la calle Montera hacia Jardines.

Accidentes • Accidents

a) Calle Almirante
b) Calle Ballesteros/calle Paredes
c) Calle Abades
d) Calle Sierpe
e) Calle Almadén/Calatrava
f) Calle Huertas/Lavapiés

Ejercicio 3

En el cd usted escuchará la parte del policía en la conversación. Estudie cuidadosamente sus preguntas para determinar lo que va a decir; entonces, participe en la conversación del cd.

On the CD you will hear what the police officer says in this dialogue.
Look at his statements carefully to find out what you want to say. Then speak your role in the gaps on the CD.

Policía	Usted
¿Qué pasa aquí?	
¿Puede decirme dónde estaba usted cuando ocurrió el accidente?	
	You were on the pavement.
¿A dónde iba usted?	
	You were going to the station.
¿Qué pasó entonces?	
	A cyclist came round the corner.
¿Y qué ocurrió?	
	The car ran over the cyclist.
¿Qué tipo de coche era?	
	A Porsche.
¿Vio usted la matrícula?	
	Unfortunately not.

Escuche esto • Just listen!

Listen to parts 2 and 3 of the fifth play and try again, first of all, to listen out for just some information.

Escena cinco

De vacaciones
Sección dos

1. ¿Cuándo se va de vacaciones Beatriz?
   When is Beatriz going on holiday?

2. ¿Cuántos hermanos tiene Beatriz?
   How many brothers and sisters has Beatriz got?

3. ¿Qué hace Beatriz durante las vacaciones?
   What does Beatriz do during her holiday?

Sección tres

1. ¿Dónde va Fernando de vacaciones?
   Where is Fernando going on holiday?

2. ¿Qué ciudad de Estados Unidos ha visitado Fernando?
   Which city in the USA did Fernando visit?

3. ¿Qué idiomas habla Fernando?
   What languages does Fernando speak?

UNIDAD 33	Vacaciones • Holidays

In this unit you will learn how to
* talk about events in the past.

Diálogos • Dialogues

Diálogo 1   Señora García (VG), Leonor (L)

VG:	Mi querida Leonor, ¿tuviste unas buenas vacaciones?	*Leonor, my dear. Did you have a nice holiday?*
L:	No muy buenas.	*Not very good.*
VG:	Oh, ¿por qué no?	*Oh, why not?*
L:	El tiempo fue terrible.	*The weather was awful!*
VG:	Oh, lo siento.	*Oh, I'm sorry about that.*
L:	La habitación del hotel era muy ruidosa.	*The hotel room was terribly loud.*
VG:	¡Qué pena!	*Oh, what a pity.*
L:	Y tuve que tener una habitación doble en vez de una individual.	*And I had a double room, not a single room.*
VG:	¡Ay!	*Oh, dear, oh, dear.*
L:	Y era muy cara también.	*And the price was really too high.*
VG:	¡Oh, Dios mío!	*Oh, dear, oh, dear.*
L:	Y el ascensor no funcionaba y las escaleras eran muy empinadas.	*And the lift didn't work, and the stairs were too steep.*
VG:	Oh, ¡cuánto lo siento!	*Oh, I'm sorry to hear that.*
L:	Y los otros huéspedes no eran muy simpáticos.	*And the other guests weren't very friendly.*
VG:	¡Qué mala suerte! Vamos a tomar un café y te sentirás mejor.	*Oh, what a shame.* *Now, drink a nice cup of coffee and you'll feel better.*
L:	Gracias.	*Thank you very much.*

Diálogo 2   Paco (P), Felicidad (F)

P:	¿Has tenido unas buenas vacaciones, Felicidad?	*Did you have a nice holiday, Felicidad?*
F:	Sí, magníficas.	*Yes, it was great.*
P:	¿El hotel era bueno?	*Was the hotel good?*
F:	Sí, teníamos una habitación esplendida con un balcón.	*Yes, we had a super room with a balcony.*
P:	¿Teníais una buena vista?	*Did you have a nice view?*

F:	Sí, teníamos vista al mar.
P:	Felicidad, ¡tú estás estupenda y tan morena! ¿Qué tal el tiempo?
F:	Tuvimos un tiempo muy bueno.
P:	¿Hacía mucho calor?
F:	Sí, mucho. Al mediodía hacía demasiado calor.
P:	¿Qué tal la comída?
F:	La comida era excelente y muy barata.

Yes, we had a view of the sea.	
Felicidad, you look wonderful. And so brown. Was the weather good?	
We had very good weather.	
Was it warm?	
Yes, very. At midday it was sometimes too hot.	
And the food?	
The food was excellent and very cheap.	

¿Cómo se dice? • How to say it

Cómo explicar las vacaciones del año pasado.
How to say where you were.

1. Cómo decir a dónde fue.
How you say where you were.

Yo fui		la Costa del Sol. los Alpes. la Costa Brava.
	a	
Nosotros fuimos		Italia. Francia.

2. Cómo describir su alojamiento.
How you describe your accommodation.

Yo estuve	en un	(buen) hotel. cámping. apartamento.
Nosotros estuvimos	a	media pensión.

Yo	tuve	pensión completa. media pensión.
Nosotros	tuvimos	una buena vista. un balcón.

Vacaciones • Holidays

3. Cómo describir el tiempo.
How you describe the weather.

Yo	nunca casi nunca	tuve	chaparrones. lluvia. viento.
Nosotros	a veces a menudo	tuvimos	tormenta. niebla. nieve.

Nunca Casi nunca A veces A menudo	hizo	sol. frío. calor.

4. Cómo resumirlo.
How you express an overall judgement.

La	comida habitación hotel	fue	muy barato/a. muy caro/a. excelente. bastante bueno/a. malo/a. terrible.
El			

Ejercicios • Exercises

Ejercicio 1

Imagínese que usted fue a los lugares siguientes.

Imagine that you were in the following countries.

Ejemplo: Italia.
Yo fui a Italia.

a) Italia
b) Grecia
c) España
d) Gales
e) Francia
f) Dinamarca
g) Los Pirineos
h) Alemania

Ejercicio 2

¿Y el tiempo? No cambió nada.

Say what the weather was like and if it changed.

Ejemplo: *It was stormy every day.*
Tuvimos tormenta cada día.

a) *The sun shone every day.*
b) *It rained every day.*
c) *It was windy every day.*
d) *It was foggy every day.*
e) *It snowed every day.*

Ejercicio 3

Escuche la conversación del cd. ¿Puede usted hacer las preguntas de Paco?

Listen to the dialogue on the CD. Can you ask Paco's questions?

Paco: ¿Has tenido unas buenas vacaciones, Felicidad?
Felicidad: Sí, magníficas.
Paco: ...
Felicidad: Sí, tuvimos una habitación espléndida, con un balcón.
Paco: ...
Felicidad: Sí, teníamos vistas al mar.
Paco: ...
Felicidad: Gracias. Tuvimos un tiempo muy bueno.
Paco: ...
Felicidad: La comida era excelente y muy barata.

Ejercicio 4

En el cd usted escuchará varias preguntas acerca de sus vacaciones el verano pasado. Finja que usted es una de las personas indicadas a continuación y responda a las preguntas que le van a formular.

On the CD you are going to hear various questions about your last summer holiday. Play the role of one of the persons listed below and answer accordingly.

Vacaciones • Holidays

1. ¿Dónde fue de vacaciones el año pasado?
2. ¿Dónde estuvo?
3. ¿Qué tal el tiempo?
4. ¿Cómo era la comida?

a) El señor Vila:
   Italy – camp site – hot – excellent

b) La señora Salazar:
   Scotland – hotel – showers – quite good

c) El señor y la señora Pérez:
   Greece – self-catering – appartment – sun – cheap

Escuche esto • Just listen!

Listen to the end of the sixth play and answer the following questions.

Escena seis

Don Quijote de la Mancha

1. ¿Qué opina Pedro del libro «Don Quijote de la Mancha»?
   What is Pedro's opinion of the book «Don Quijote de la Mancha»?

2. ¿Qué piensa Pedro de Sancho Panza?
   What does Pedro think about Sancho Panza?

3. ¿Y qué le parece Dulcinea?
   And what does he think about Dulcinea?

Transcripts of the plays

Escena uno

No usted de nuevo

Personajes
Andrés Cela
Empleado
Merete
Camarero

Sección uno

En la taquilla de la estación de Atocha de Madrid

Andrés:	Quiero un billete de ida a Sevilla.
Empleado:	Sí, señor. ¿Primera o segunda clase?
Andrés:	Segunda clase, por favor.
Empleado:	¿Fumador o no fumador?
Andrés:	No fumador. ¿Cuánto es?
Empleado:	Son 17 euros, señor.
Andrés:	¿Aceptan cheques?
Empleado:	Sí, naturalmente, señor. ¿Tiene tarjeta de crédito?
Andrés:	Claro que tengo tarjeta de crédito. ¿A nombre de quién escribo el cheque?
Empleado:	RENFE*, 17 euros.
Andrés:	(Despacio) 8 febrero. (Entrega el cheque.) ¿Vale?
Empleado:	Sí, bien. ¿Puedo ver su tarjeta de crédito, por favor?
Andrés:	Sí. Aquí tiene. ¿A qué hora sale el tren?
Empleado:	El tren para Sevilla sale a las catorce cuarenta y dos.
Andrés:	¿Tengo que hacer trasbordo?
Empleado:	No, señor. El tren va directo a Sevilla.
Andrés:	¿A qué hora llega?
Empleado:	Llega a Sevilla a las veinte treinta y ocho.
Andrés:	Muchas gracias.

*RENFE = Red Nacional de Ferrocarriles Españoles
(National Network of the Spanish Railways)

Sección dos

Merete: Oiga, por favor.
Empleado: Sí, señora.
Merete: Quisiera un billete de ida y vuelta a Sevilla, por favor.
Empleado: Sí, señora. ¿Viaja en primera o en segunda clase?
Merete: Segunda clase.
Empleado: Sí, señora. ¿Quiere fumador o no fumador?
Merete: Oh, yo no fumo.
Empleado: No fumador.
Merete: ¿Cuánto es?
Empleado: Segunda clase, ida y vuelta de Atocha a Sevilla, son 32 euros. – Gracias señora. Aquí tiene el cambio.
Merete: Muchas gracias. ¿Puede decirme a que hora llega el tren a Sevilla?
Empleado: Sí, señora. El de las catorce cuarenta y dos llega a Sevilla a las veinte treinta y ocho.
Merete: ¿Tengo que hacer trasbordo?
Empleado: No, señora. El tren va directo.
Merete: Muchas gracias.
Empleado: Gracias a usted.

Sección tres

En el tren

Merete: Perdone, ¿está ocupado este asiento?
Andrés: No, creo que está libre.
Merete: ¿Tengo que tener reserva?
Andrés: No. No hay un billete en el asiento, estoy seguro de que puede sentarse aquí.
Merete: Muchas gracias.
Andrés: ¿Va usted lejos?
Merete: Sí, voy a Sevilla.
Andrés: Qué interesante. Yo también. Yo vivo en Sevilla.
Merete: Ésta es mi primera visita.
Andrés: Espero que le guste su visita.
Merete: Muchas gracias. Estoy segura de que me gustará.
Andrés: Perdone que le pregunte, pero ¿usted no es española, verdad?
Merete: No, no lo soy.
Andrés: ¿Es usted, por casualidad, escandinava?
Merete: Soy danesa.
Andrés: ¿De qué parte de Dinamarca es usted?
Merete: Soy de Copenhague.

Andrés: Ah, sí. Copenhague. Maravilloso Copenhague.

Merete: Sí, sí que lo es.

Andrés: Hay unos jardines muy bonitos en Copenhague, ¿no es verdad?

Merete: Ah, usted quiere decir el Tívoli.

Andrés: Sí, eso es. El Tívoli. Y también hay una estatua de una sirenita.

Merete: Sí, claro que sí. La Sirena. Dígame, ¿de dónde es usted?

Andrés: Ah, yo soy español.

Merete: ¿Nació usted en Sevilla?

Andrés: No, yo nací en Madrid, pero trabajo en Sevilla.

Merete: ¡Qué interesante!

Andrés: Espero que no le importe que le pregunte, cómo se llama.

Merete: Mi nombre es Brammer. Merete Brammer.

Andrés: ¿Es un nombre danés?

Merete: Sí. ¿Y como se llama usted?

Andrés: Oh, mi nombre es Andrés Cela. ¿Cómo está usted?

Merete: Encantada.

Andrés: ¿Va usted a Sevilla de negocios?

Merete: Sí.

Andrés: ¿En qué trabaja usted?

Merete: Soy arquitecta.

Andrés: Ah, muy interesante. ¿Y qué le trae a Sevilla?

Merete: Hay una conferencia internacional de arquitectura.

Andrés: ¿Construye usted edificios modernos?

Merete: Bueno, a veces diseño edificios muy modernos, pero también estoy interesada en los edificios antiguos. Por eso vengo a Sevilla.

Andrés: Sí, claro. En Sevilla hay muchos edificios y monumentos antiguos ... la catedral y muchos otros.

Merete: Voy a ir al Instituto de Estudios de Arquitectura. Y también voy a asistir a una conferencia sobre la conservación del patrimonio que se va a celebrar en la universidad. Estoy muy, muy interesada en este tema. Y usted, ¿en qué trabaja?

Andrés: Bueno, tengo una cadena de supermercados.

Merete: (Decepcionada) Ah, supermercados ...

Andrés: Precisamente ahora quiero abrir otro, también en Sevilla, y no puedo conseguir el permiso.

Merete: ¿Por qué no?

Andrés: (Sin entusiasmo) Porque, parece ser, que en el lugar donde quiero construir mi establecimiento, se encuentra la ruina del palacio de un emperador romano.

Merete: ¡Cómo! ¡Pero esto es interesantísimo! Pero, pero ... ¿de qué emperador? Dígame ¿de qué emperador?

Sección cuatro

Andrés:	Espero que no le haya molestado.
Merete:	¿Qué quiere decir?
Andrés:	Bueno, hace un momento estaba hablando de negocios y supermercados.
Merete:	No se preocupe.
Andrés:	¿Puedo preguntarle algo? ¿Está usted casada?
Merete:	No, estoy divorciada. ¿Y usted?
Andrés:	Yo estoy soltero. Todavía no he encontrado a la mujer ideal. ¿Tiene hijos?
Merete:	Sí, tengo un hijo y una hija.
Andrés:	¿Le gustaría tomar un café?
Merete:	Sí, muchas gracias.
Andrés:	Le invito yo.
Merete:	No, yo pago mi café.
Andrés:	Insisto.
Merete:	Bueno. Un café, por favor.
Andrés:	Dos cafés con leche. ¿Le gustaría una pasta?
Merete:	No, gracias. Nunca como pastas.
Andrés:	¡Qué lástima! Las pastas españolas están muy buenas.
Merete:	Sólo quiero un café, gracias.
Andrés:	(Al camarero) Dos cafés y una pasta, por favor. ¿Cuánto es?
Camarero:	Son 3 euros.
Andrés:	Muchas gracias. Aquí tiene su café.
Merete:	Muchas gracias.
Andrés:	¿De dónde es usted?
Merete:	Perdón. ¿Qué dice?
Andrés:	Sólo quería saber de dónde es usted. Usted dijo antes que era danesa, de Copenhague. ¿En qué parte de Copenhague vive usted?
Merete:	Yo vivo en Fredericksberg.
Andrés:	¿Dónde?
Merete:	Es un barrio de Copenhague.
Andrés:	¿Y cómo es?
Merete:	Es una parte muy agradable de Copenhague y hay un parque con un palacio. Y también hay lagos preciosos.
Andrés:	Parece muy bonito.
Merete:	Sí, lo es. Es uno de los lugares más bonitos de Copenhague. Digame, ¿ha estado alguna vez en Dinamarca?
Andrés:	No, nunca.
Merete:	Qué pena. Perdone, ¿puede decirme dónde están los servicios?
Andrés:	Sí, todo recto y al final del pasillo.
Merete:	Muchas gracias.

Sección cinco

Merete:	¿Qué es aquello?
Andrés:	Es una central eléctrica.
Merete:	Ya he visto tres centrales eléctricas como ésta. ¿Son centrales nucleares?
Andrés:	No, no son nucleares. Hay un pantano.
Revisor:	Su billete, por favor.
Andrés:	Sí, aquí tiene.
Revisor:	(Perfora el billete) Gracias, señor. ¿Su billete, señora?
Merete:	¿Perdón?
Revisor:	Su billete, señora.
Merete:	Ah, sí, aquí está.
Revisor:	(Perfora el billete) Muchas gracias.
Andrés:	¿Dónde trabaja usted?
Merete:	Yo trabajo en el centro de Copenhague.
Andrés:	¿Es un trabajo fijo?
Merete:	(Secamente) Sí, lo es.
Andrés:	¿Le gusta su trabajo de arquitecta?
Merete:	Naturalmente que me gusta.
Andrés:	¿Trabaja por su cuenta o está empleada en una empresa?
Merete:	Trabajo con un grupo de arquitectos y formamos un equipo. ¿Y qué hace usted?
Andrés:	Como ya le dije, tengo una cadena de supermercados. Soy el director.
Merete:	¿Cuántos empleados tiene?
Andrés:	Tengo cuatrocientos empleados a mis órdenes.
Merete:	¿De verdad? ¿Y le gusta mucho su trabajo?
Andrés:	Sí, sí, me gusta. El trabajo del supermercado es muy interesante. ¿Cuánto tiempo hace que vive en Copenhague?
Merete:	He estado viviendo allí unos treinta años.
Andrés:	¿Vive en una casa?
Merete:	No, vivo en un piso.
Andrés:	¿Cómo es su piso?
Merete:	Tengo un piso muy bonito en Fredericksberg.
Andrés:	¿Cuántas habitaciones tiene?
Merete:	Tiene una cocina, un baño y tres dormitorios, y también un salón y un comedor.
Andrés:	Parece muy grande.
Merete:	Sí, lo es. ¿Dónde vive usted?
Andrés:	Hasta ahora he compartido un piso con otro compañero, pero estoy buscando casa.
Merete:	¿Es fácil comprar una casa en Sevilla?

Andrés:	No, es muy difícil. Las casas son muy caras. Y tendré que ir a un hotel dos o tres semanas; pero si tengo suerte, encontraré una casa que quizá pueda comprar. ¿Está usted interesada en el fútbol?
Merete:	No, lo siento. No estoy interesada en el fútbol.
Andrés:	¡Qué pena! A mí me gusta mucho. Y yo voy cada sábado a ver los partidos del Sevilla.
Merete:	¿Ah sí?
Andrés:	¿Tiene usted algún pasatiempo?
Merete:	Sí, soy muy aficionada a la música. En Copenhague voy a menudo a la ópera y al ballet.
Andrés:	¿De veras?
Merete:	¿Está usted interesado en la música?
Andrés:	No, yo no. Al menos, no en la música clásica. Pero me gusta la música moderna. ¿Y a usted le gusta la música moderna?
Merete:	No, lo siento. No me gusta.
Andrés:	¡Oh, qué pena!

Sección seis

Andrés:	Me parece que ya estamos llegando. Estaremos en Sevilla muy pronto.
Merete:	Dígame, ¿qué cree que debo ver de Sevilla? Ya sé que hay una catedral magnífica.
Andrés:	Sí, sí, la catedral gótica más grande de España.
Merete:	Sí, ya lo sé. ¿Pero que más tengo que ver?
Andrés:	Bueno ¿por qué no va a la Giralda, la famosa torre sevillana?
Merete:	¿Y qué más?
Andrés:	¿Por qué no va al museo de Bellas Artes? El museo de Bellas Artes es el museo de pintura con la mejor colección de obras de Murillo, Zurbarán, Valdes Leal y otros muchos.
Merete:	¿Ha estado usted en este museo?
Andrés:	Sí, varias veces.
Merete:	Debe ser interesantísimo.
Andrés:	Sí, es muy interesante.
Merete:	Uy, creo que estamos llegando.
Andrés:	Sí, aquí estamos. Esto es Sevilla.
Merete:	Tengo que encontrar un hotel. ¿Sabe usted de uno bueno?
Andrés:	Sí, el hotel Alfonso XIII.
Merete:	¿Es caro?
Andrés:	Sí, creo que es muy caro.
Merete:	Entonces tengo que buscar algo más barato. ¿Me puede aconsejar?
Andrés:	Sí, le sugiero que vaya a la Oficina de Turismo, y pregunte allí.

Sección siete

En la oficina de turismo

Merete:	¿Puede ayudarme, por favor? Estoy buscando un hotel.
Empleado:	Sí, señora. ¿Cuánto tiempo va a estar?
Merete:	Solamente dos o tres noches.
Empleado:	¿Qué clase de hotel quiere usted?
Merete:	Uno que no sea muy caro.
Empleado:	¿Puedo sugerirle el Don Marcos?
Merete:	¿Cuánto cuesta?
Empleado:	20 euros con desayuno.
Merete:	Sí, me parece bien. ¿Quiere hacerme una reserva por favor?
Empleado:	¿Quiere habitación doble o individual, señora?
Merete:	Una individual.
Empleado:	Sí, señora. Un momento. (Telefonea) ¿Hotel Don Marcos? ¿Tiene una habitación individual para tres noches? (A Merete) Tienen una habitación con desayuno por 20 euros. ¿Está bien?
Merete:	Sí, hágame una reserva, por favor.
Empleado:	¿A qué nombre, señora?
Merete:	Brammer. Merete Brammer.
Empleado:	El nombre es Brammer. Para tres noches, con desayuno. Gracias. (A Merete) Le he reservado una habitación, señora. Me debe 20 céntimos por la llamada telefónica.
Merete:	Aquí tiene. Muchas gracias.

Sección ocho

Hotel Don Marcos

Merete:	Mi nombre es Brammer.
Recepcionista:	Ah, sí. Usted ha reservado a través de la Oficina de Turismo.
Merete:	Sí, así es.
Recepcionista:	Es una habitación individual con desayuno, 20 euros.
Merete:	Eso es.
Recepcionista:	Habitación 23, señora. Aquí tiene la llave.
Andrés:	¿No nos hemos visto antes?
Merete:	Ah, es usted …

Escena dos

De visita en el Museo del Prado

Personajes
Guía: Señor Álvarez
Visitante: Señorita Rodrigo

Sección uno

Guía: Señoras y señores, el Museo del Prado en el que hoy estamos, es uno de los museos de arte más famosos del mundo. Su construcción se inició durante el reinado de Carlos III, y al principio, el edificio albergaba el Museo de Ciencias Naturales. Fue obra de Juan de Villanueva, el célebre arquitecto español del periodo neoclásico. Villanueva era hijo de un escultor, y precisamente su padre fue su primer maestro; posteriormente acudió a Roma, para cursar sus estudios de arquitectura. El Museo del Prado es su obra más importante.

Visitante: Perdone, ¿cómo se llama el arquitecto?

Guía: Villanueva. Juan de Villanueva.

Visitante: Ah, gracias.

Guía: La colección de pintura de la casa real española la inició el Rey Carlos I, que era también Carlos V de Alemania. Y la continuó su hijo, el rey Felipe II, quien era, al igual que su padre, un gran amante del arte. Luego en el siglo XVII, el rey Felipe IV casi estaba más interesado en su colección de pintura que en gobernar el país. Por su parte, los Borbones, Felipe V y Carlos II, fueron también ávidos coleccionistas durante el siglo XVIII. Hoy en día, hay en el Museo del Prado muchas obras de arte de todo el mundo, pero lo que más destaca es su magnífica colección de pintura de la Escuela Española, y ahora mismo vamos a ver algunos de los cuadros más importantes. Sean tan amables de venir conmigo, por favor … y no se dispersen.

Visitante: Perdone, ¿puede esperar un momento? Quiero ir primero al lavabo.

Guía: Sí, naturalmente. Encontrará los servicios allí a la izquierda. Procure no tardar, por favor.

Visitante: Perdone, ¿se pueden comprar diapositivas de los cuadros en el museo?

Guía: Sí. Hay una tienda muy surtida, donde se venden diapositivas, grabados y libros de arte. Pero es mejor ir al final de la visita. ¿Estamos todos? Doce, catorce, dieciséis. Muy bien. Vamos a empezar ya, porque hay tanto que ver …

Sección dos

Guía: ... Este cuadro «Retrato de un Caballero» es de El Greco, y es característico de muchos de los retratos que pintó. El rostro es austero ... vemos a un hombre serio, de expresión grave, vestido de oscuro.

Visitante: Pero El Greco no era español, ¿verdad?

Guía: No, no era español. Se llamaba Domenico Theotocopulos, y nació en Creta. Antes de venir a España, estudió pintura en Venecia y Roma.

Visitante: ¿Y cuándo vino a España?

Guía: Seguramente llegó a España hacia 1577, cuando tenía unos treinta años. Fue a vivir a Toledo, donde pintó retablos y pintura religiosa para la Iglesia, así como retratos de encargo. El Greco esperaba que el Rey Felipe II se convirtiese en su mecenas y protector, y le encargara trabajar en el palacio de El Escorial. Pero al rey no le gustaba su estilo. A pesar de ello, El Greco adquirió gran renombre. Y murió en Toledo en el año 1614.

Sección tres

Guía: ... Este cuadro es uno de los más famosos del Museo del Prado. Es de Velázquez, al que muchos consideran el mejor pintor español de todos los tiempos. Se titula «La Rendición de Breda».

Visitante: ¿Fue Velázquez contemporáneo de El Greco?

Guía: No. Diego Rodríguez de Silva y Velázquez, que así se llamaba el pintor, tenía sólo quince años de edad cuando murió El Greco. Velázquez nació en Sevilla, y fue discípulo de un notable pintor y erudito, Francisco Pacheco, cuya hija se casó con Velázquez en 1618. Cuatro años después, Velázquez vino a Madrid para ampliar su carrera, y ascendió a pintor real de cámara del Rey Felipe IV. Este cuadro que estamos contemplando, «La Rendición de Breda», forma parte de una serie de cuadros realizados por diversos pintores españoles para representar las grandes victorias bélicas del país. Dichos cuadros se destinaron al Salón de Reinos, del Palacio del Buen Retiro, que ya no existe, pero que estaba situado cerca del Prado, donde hoy nos encontramos. En su cuadro, Velázquez representa la rendición de Breda, una ciudad de Holanda, después de haber sido sitiada por el ejército español. Aquel hecho tuvo lugar el dos de junio de 1625.

Visitante: ¿Este cuadro ... no tiene otro título? ¿Las picas, las lanzas?

Guía: Sí, efectivamente. «Las Lanzas». Se debe a que una de las características del cuadro son las líneas verticales de las lanzas de los soldados del ejército español a la derecha del cuadro. Estas líneas verticales contrastan con el desorden de las líneas diagonales de las picas de los soldados holandeses derrotados a la izquierda. Y aquí termina esta visita al Museo del Prado. Espero que les haya gustado. Muchas gracias por su atención e interés. Adiós y buenas tardes.

Escena tres

Una feliz noticia

Personajes
Narrador
Carmela
Rosa
Ramón
Mario
Tomás
Hombre

Narrador: Vamos ahora a Galicia, para conocer de cerca a la familia Camino. Estamos en una aldea que se llama Castro Ramiro, no lejos de La Estrada, una pequeña ciudad de provincias. En esta aldea hay una estación de servicio y un taller de reparaciones que se llaman «Camino y Fandiño», regentados por Ramón Camino y su hermana Rosa Camino de Fandiño. Ramón tiene una hija que se llama Carmela, de 17 años; Rosa tiene dos hijos: el mayor Tomás, de 22 años, y el menor, Cristóbal, de 18. Tomás estudia en la Universidad de Madrid, pero ha venido a pasar las vacaciones de Navidad a casa; quiere organizar una fiesta.

Sección uno

Tomás: Hola, Carmela.
Carmela: ¡Tomás, qué alegría verte! ¿Cuándo has llegado?
Tomás: Anoche.
Carmela: ¿Lo has pasado bien en Madrid?
Tomás: Estupendamente. Oye, quiero organizar una fiesta.
Carmela: ¡Qué buena idea! ¿Para cuándo?
Tomás: Pues, Cristóbal y yo creemos que el mejor día será el miércoles. ¿Estás libre?
Carmela: Sí, el miércoles sí. ¿Quieres que traiga algo?
Tomás: Sí, trae una botella de vino tinto. Oye, ¿y puedes preparar una tarta?
Carmela: Ah, muy bien. Prepararé una tarta de manzana.
Tomás: Estupendo. Entonces está todo decidido. Vente a eso de las ocho.
Carmela: Por cierto, ¿puedo traer a mi novio?
Tomás: ¿Tu novio?
Carmela: Se llama Mario Puente.
Tomás: ¿Mario Puente? ¿El de la moto vieja? Es un chico que no me gusta nada.

Carmela:	Pues es mejor de lo que te piensas.
Tomás:	Te digo que no me gusta nada. No me parece un chico serio.
Carmela:	Pues es mi novio, y quiero que venga a la fiesta.
Tomás:	Carmela, ¿por qué no vienes tú sola?
Carmela:	Si no puedo traer a Mario, no vendré.
Tomás:	Bueno, si es así, que venga Mario contigo.

Sección dos

Mario:	¿Te lo estás pasando bien en la fiesta, Carmela?
Carmela:	Ay, sí. Estupendamente.
Mario:	¿Qué haces mañana?
Carmela:	No estoy segura. Quizá vaya a dar una vuelta por el río con Tomás y Cristóbal. ¿Quieres venir?
Mario:	Ay, no. No me gusta ir al campo sin la moto.
Carmela:	¡Cómo! ¿Que nunca sales a pasear? ¡Pero qué perezoso!
Mario:	Bueno, a veces, por mi trabajo, tengo que ir caminando de un sitio a otro. Pero nunca camino más de lo necesario. Normalmente voy en moto a todas partes. ¿Por qué no vienes conmigo en mi moto?
Carmela:	Prefiero no ir. ¿No es peligroso?
Mario:	Claro que no es peligroso.
Carmela:	Es que no tengo casco.
Mario:	Pues yo tengo dos cascos. Te prestaré uno de los míos. Ven entonces. Lo pasaremos muy bien. Podemos ir a una discoteca de La Estrada.
Carmela:	De acuerdo. ¿A qué hora nos vemos en la gasolinera?
Mario:	Bueno, a eso de las seis y media.
Carmela:	Es demasiado temprano. Prefiero un poco más tarde. ¿Qué te parece a las siete?
Mario:	De acuerdo. Entonces, nos vemos a las siete en punto en la gasolinera de tu padre.

Sección tres

Ramón Camino:	¿A qué hora llegaste a casa anoche?
Carmela:	Papá, mira, Mario te explicará lo que pasó.
Mario:	Siento mucho que Carmela llegara tan tarde. Es que la moto sufrió una avería.
Ramón Camino:	¿Qué le pasa?
Mario:	Creo que el indicador de gasolina está roto. Estábamos a cinco kilómetros de La Estrada, cuando de pronto el motor hizo un ruido extraño, y la moto se paró.

Ramón Camino: ¿Qué tipo de moto es?

Mario: Es una Honda. Un modelo antiguo. ¿Puede usted ponerme un indicador nuevo?

Ramón Camino: Sí, claro que sí.

Mario: ¿Cuánto cree que va a costar?

Ramón Camino: Unos 30 euros.

Mario: ¿Tardará mucho en conseguir un indicador?

Ramón Camino: Una semana, o así.

Mario: Muchas gracias, señor Camino, y siento mucho que Carmela llegara tan tarde anoche.

Ramón Camino: Vale, ya comprendo.

Sección cuatro

Ramón: ¿Qué te pasa, hija?

Carmela: Tengo un terrible dolor de cabeza.

Ramón: Pues también tienes una tos muy fuerte. ¿Cómo te sientes?

Carmela: Me siento muy mal, papá.

Ramón: Anoche estaba lloviendo.

Carmela: Sí.

Ramón: ¿Te mojaste mucho?

Carmela: Sí, me mojé bastante. Y además hacía mucho frío.

Ramón: Bueno, no puedo quedarme ahora. Tengo que ir a la gasolinera. Pero llamaré a la tía Rosa para que venga a cuidarte.

Carmela: Ay, gracias papá. (Entra Rosa Camino)

Rosa: ¿Qué te pasa, hija?

Carmela: Tengo dolor en el pecho ... tengo un terrible dolor de cabeza.

Rosa: Ay, hija, cuánto lo siento. Vamos a tomarte la temperatura. Aquí está el termómetro. Abre la boca y póntelo bajo la lengua. Y no hables ahora. Espera que te saque el termómetro. Pues, sí tienes fiebre ... 40 de fiebre. Quédate en cama, y yo voy a llamar al médico. Te traeré una infusión dentro de un rato. Pero ahora tengo que ir un momento a la gasolinera porque ha venido el camión cisterna. ¿De acuerdo?

Carmela: Sí, tía Rosa. Gracias.

Sección cinco

Rosa: (Hablando por teléfono) Oiga, ¿es la consulta del Doctor Domínguez? Es que mi sobrina Carmela tiene mucha fiebre, y una tos terrible. (Pausa) Sí, creo que es grave. Tiene dolor en el pecho. (Pausa) Salió anoche mientras llovía, y se enfrió. (Pausa) Sí, le he tomado la temperatura, y

	tiene 40 de fiebre. (Pausa) ¿Puede venir a verla por la mañana el doctor Domínguez? (Pausa) Yo estaré todo el día trabajando en la gasolinera. (Pausa) Sí, «Camino y Fandiño», Castro Ramiro. (Pausa) Muchas gracias. Hasta mañana. Adiós.
Narrador:	Carmela se recupera finalmente de su resfriado. Sus relaciones con Mario son cada vez más intensas, hasta que terminan enamorándose. Escuchemos la conversación entre Carmela y su tía Rosa.

Sección seis

Rosa:	Te veo muy contenta, Carmela.
Carmela:	Tengo buenas noticias, tía.
Rosa:	Dime, dime.
Carmela:	Tía Rosa, Mario y yo nos vamos a casar.
Rosa:	¡Uy, qué alegría! ¡Y qué sorpresa! ¿Cuánto tiempo hace que le conoces?
Carmela:	Desde la fiesta que tuvimos antes de Navidad.
Rosa:	Pues es muy poco tiempo, hija.
Carmela:	No, no es poco. Nos conocemos muy bien ya.
Rosa:	Parece un buen chico. Seguro que seréis muy felices. ¿Y cuántos años tiene?
Carmela:	Veinticinco.
Rosa:	¿Y en qué trabaja?
Carmela:	Es repartidor de una fábrica de productos lácteos.
Rosa:	¿Y qué hace en su tiempo libre?
Carmela:	Pues … no sé … le gusta el fútbol … mmm … le gusta ir en moto… mmm …
Rosa:	Ya, comprendo, hija. ¿Y para cuándo es la boda?
Carmela:	El veinte de abril, a las doce de la mañana. Una boda al mediodía.
Ramón:	¿Boda? ¿Qué boda?
Carmela:	Ay, papá. Ya has llegado.
Ramón:	¿Qué es esto de una boda?
Carmela:	Papá, Mario y yo nos vamos a casar.
Ramón:	¿Seguro?
Carmela:	Sí, papá … segurísimo.
Ramón:	Bueno, si eso es lo que queréis … ¿Y para cuándo?
Carmela:	El mes de abril … dentro de un mes.
Ramón:	¿Y dónde vais a vivir? ¿Ya tenéis piso?
Carmela:	Sí, hemos visto uno muy bonito en la calle Mayor. Con nuestros ahorros podemos dar la entrada.
Rosa:	¿Cómo es el piso?
Carmela:	Pues es un primer piso, y tiene tres dormitorios, salón, cocina, baño y un aseo. Ah, y una terraza.

Ramón:	Bueno … no sé … me gustaría hablar con Mario.
Carmela:	Ah, pues ahora mismo va a venir.
Narrador:	Y Mario llegó a casa de los Camino al cabo de unos minutos, para hablar con su futuro suegro.

Sección siete

Mario:	Buenas tardes, doña Rosa. Buenas tardes, señor Camino. Hola, Carmela.
Ramón:	(No muy contento de ver a Mario) Hola, Mario. Siéntate, siéntate. Así que os queréis casar.
Mario:	Sí, señor.
Ramón:	Y para abril.
Mario:	Así es.
Ramón:	Ya tenéis piso.
Mario:	Sí, sí.
Ramón:	Y tu trabajo de repartidor, ¿qué tal?
Mario:	Muy bien, señor Camino.
Ramón:	Hay algo que no sé.
Mario:	Dígame.
Ramón:	¿Dónde vais de luna de miel?
Mario:	Vamos a un cámping.
Ramón:	(Algo excitado) ¿A un cámping?
Mario:	Sí señor. A un cámping, con tienda de campaña y en mi moto.
Ramón:	(Algo disgustado) ¿Cámping? ¿Tienda de campaña? ¿Moto?
Mario:	Sí, señor Camino. ¿No le parece una idea estupenda?
Carmela:	(Excitada) A mí me parece una idea maravillosa, papá.
Ramón:	¡Aaay!
Narrador:	Ya falta poco para la boda. Rosa hace los preparativos de la ceremonia y el banquete. Y Mario se encarga de llamar al cámping «Mar y Sol» para hacer una reserva.

Sección ocho

Mario:	Oiga, ¿es el 764 11 11? ¿Es el cámping «Mar y Sol»?
Hombre:	Sí, dígame.
Mario:	Quisiera hacer una reserva para el veinte de abril.
Hombre:	¿Para cuánto tiempo?
Mario:	Una semana solamente.
Hombre:	Está todo reservado.
Mario:	¿No hay sitio?

Hombre:	No, lo siento … ah, espere un momento … sí, qué suerte, esta mañana ha habido una cancelación. Sí, esa semana hay sitio en el cámping. ¿Tiene tienda de campaña o caravana?
Mario:	Tienda de campaña.
Hombre:	¿Para cuántas personas?
Mario:	Dos. Mi mujer y yo. Será nuestra luna de miel.
Hombre:	¿Luna de miel? Ah. (Dudoso) ¡Qué bien! ¿Me puede dar su nombre?
Mario:	Mario Puente. P-U-E-N-T-E.
Hombre:	¿Vendrá usted en autocar, en tren o en vehículo propio?
Mario:	En mi moto.
Hombre:	Ah, ya. ¿Me puede enviar una fianza?
Mario:	¿De cuánto?
Hombre:	25 euros.
Mario:	Muy bien. ¿Me puede dar su dirección?
Hombre:	Sr. González, Encargado, Cámping «Mar y Sol», Malpica, La Coruña.
Mario:	Muy bien, hoy mismo le envío el dinero.
Hombre:	Pues muchas gracias.
Mario:	De nada. Adiós.
Hombre:	Adiós. Hasta el veinte de abril. Y feliz boda.
Mario:	Gracias. Adiós. Hasta pronto.

Escena cuatro

Cristóbal Colón 1451–1506

Personajes
Rafael
Luis

Dos amigos, Rafael y Luis, están paseando por las Ramblas de Barcelona. Al final está el puerto, donde hay una gran estatua de Cristóbal Colón que mira hacia el mar. Rafael es de Madrid y está visitando a su amigo Luis por primera vez.

Sección uno

Rafael: ¿De quién es esta estatua, Luis?
Luis: Es de Cristóbal Colón.
Rafael: ¿Nació aquí Cristóbal Colón?
Luis: No. Cristóbal Colón nació en la ciudad italiana de Génova, se supone que en 1451.
Rafael: Cuéntame un poco de su vida.
Luis: Pasó los primeros años de su vida como marinero en los barcos que visitaban los puertos del Mediterráneo. En 1476 salió en un barco que llevaba mercancías a las ciudades del norte. Cerca de la costa de Portugal un grupo de naves portuguesas atacaron el barco, y Colón tuvo que ir nadando unos ocho kilómetros hasta la costa de Portugal.
Rafael: ¿Y qué hizo entonces?
Luis: Vivió en Lisboa durante 10 años.
Rafael: ¿De qué trabajaba?
Luis: Trabajaba de marinero y también durante este tiempo se dedicó a estudiar cartografía. También le gustaba escuchar a los viejos marineros que hablaban de nuevos continentes, pero nadie sabía la verdad.
Rafael: ¿Por qué estudiaba los mapas?
Luis: Porque creía que el mundo era redondo, y quería descubrir un nuevo camino a las Indias Orientales.
Rafael: ¿Por qué quería ir a las Indias Orientales?
Luis: De allí procedían los perfumes, el azúcar y otros productos de gran valor.
Rafael: ¿Era un hombre ambicioso?
Luis: Sí, naturalmente y le habló de sus planes al rey Juan II de Portugal, pero no quiso ayudarle.
Rafael: Entonces vino a España, ¿no es cierto?

Luis:	Sí. Vino a España a explicar sus planes a los Reyes Católicos, Isabel y Fernando, pero estaban muy ocupados con la Guerra de Granada y no le quisieron escuchar.
Rafael:	Sí, ahora me acuerdo. Tuvo que esperar hasta el fin de la Reconquista, cuando tomaron Granada.
Luis:	El 2 de enero de 1492.
Rafael:	¿Fue llamado Colón, por la reina Isabel?
Luis:	Sí. Y prestó gran atención a sus planes. El 17 de abril de 1492 la Reina Isabel le dio a Colón fondos para que hallara una nueva ruta hasta las Indias Orientales.

Sección dos

Rafael:	¿Vino a Barcelona?
Luis:	No, fue a Palos de Moguer, para preparar su expedición.
Rafael:	¿Le fue fácil encontrar marineros para esta expedición?
Luis:	No. Fue muy difícil, porque todos tenían miedo de morir en el mar, sin comida ni agua.
Rafael:	¿Cuántos marineros encontró?
Luis:	Encontró unos ochenta en total.
Rafael:	¿De qué parte de España eran?
Luis:	La mayoría de ellos eran vascos y andaluces.
Rafael:	¿Cuántos barcos compró?
Luis:	Compró tres. La Niña, La Pinta y La Santa María.
Rafael:	¿Eran barcos grandes?
Luis:	No. Eran tres barcos pequeños. Tres carabelas.
Rafael:	¿En qué barco fue Colón?
Luis:	Colón fue en la Santa María, con treinta y nueve hombres.
Rafael:	¿Cuándo salieron de España?
Luis:	Salieron de España el seis de septiembre de 1492.

Sección tres

Rafael:	¿Cuánto tiempo navegaron?
Luis:	Navegaron durante treinta y siete días sin ver tierra.
Rafael:	¿Tenían suficiente agua y comida?
Luis:	No, tenían poco agua y comida y los marineros querían volver a España.
Rafael:	¿Hubo un motín?

Luis:	No, porque vieron en el agua ramas de árbol, y en el cielo muchos pájaros.
Rafael:	¿Qué significaba?
Luis:	Significaba que faltaba poco para llegar a tierra firme. Sin embargo, la tierra no aparecía.
Rafael:	¿Y qué hizo Colón?
Luis:	Colón, cambió de dirección el siete de octubre y fue hacia el sudoeste.
Rafael:	¿Cuándo descubrió tierra?
Luis:	A las dos de la mañana del doce de octubre el marinero Rodrigo de Triana vio tierra a una distancia de unas seis millas.

Sección cuatro

Rafael:	¡Así encontraron el Nuevo Mundo!
Luis:	Pronto llegaron a tierra. ¡Colón saltó del barco con la bandera de Castilla, y tomó posesión de aquellas tierras en nombre de los Reyes Católicos!
Rafael:	¿Qué nombre dio a la isla?
Luis:	San Salvador.
Rafael:	¿Les atacaron los nativos de la isla?
Luis:	No, porque tenían miedo de los blancos. Creían que eran dioses del mar. Y les dieron muchos regalos.
Rafael:	¿Qué clase de regalos?
Luis:	Fruta y comida, y pequeños objetos de oro.
Rafael:	¿Descubrieron otras islas?
Luis:	Sí, sí, muchas otras islas. Entre ellas Cuba.
Rafael:	¿Cuándo regresó a España, Colón?
Luis:	El 15 de mayo de 1493, Colón llegó a Palos. Los Reyes Católicos estaban de visita en Barcelona. Colón fue a verles para hablarles de sus viajes.
Rafael:	¡Ah! Ahora comprendo porque está la estatua de Colón aquí en Barcelona. ¿Hizo Colón más viajes?
Luis:	Sí, hizo tres viajes más a América. En el tercer viaje descubrió el gran continente de América del Sur. Pero al volver de su cuarto viaje, estaba enfermo y cansado.
Rafael:	¿Cuándo murió?
Luis:	Murió el 20 de mayo de 1506 en Valladolid.
Rafael:	¡Muchas gracias, Luis, por tu lección de historia!

Escena cinco

De vacaciones

Personajes

Presentador: Federico Olmo
Invitados: Victoria Castillo, Estudiante de historia, 21
           Beatriz López
           Luis de Domingo, empleado, 40
           Fernando Ríos, chico joven, 15

Sección uno

Federico: Buenos días, estimados oyentes. Aquí Federico Olmo. Iniciamos una nueva edición de nuestro espacio «La hora punta», en el que examinamos cuestiones de actualidad. Estamos ya en junio, de modo que todo el mundo se está preparando para irse de veraneo. Por tanto, el tema de hoy son las vacaciones. Hoy tenemos en el estudio a cuatro invitados: Victoria Castillo, Beatriz López, Luis de Domingo y Fernando Ríos.
Vamos a ver qué planes han hecho nuestros invitados para sus vacaciones. Y empezamos con Victoria. Primero, Victoria, háblanos un poco de ti misma.

Victoria: Bueno, estudio Historia Antigua en la universidad. Tengo 21 años, y he nacido en Madrid.

Federico: Y dinos qué vas a hacer estas vacaciones.

Victoria: Bueno, por mis estudios, me gusta ir a conocer los restos de antiguas civilizaciones. El año pasado fui a Egipto. Y este año quiero ir a Grecia.

Federico: ¿Cómo vas a ir?

Victoria: En avión, claro.

Federico: ¿Y tienes ya el billete?

Victoria: Pues, no. Tengo que ir a comprarlo.

Federico: ¿Vas a ir sola?

Victoria: No, sola, no. Voy a ir con otros cuatro compañeros de mi clase.

Federico: Lo vais a pasar muy bien.

Victoria: Eso espero.

Federico: Y tú, Luis, ¿dónde vas a ir de vacaciones?

Luis: Pues yo tengo un apartamento en la Costa Blanca, donde voy todos los años.

Federico: ¿Y vas solo?

Luis: No, solo no. Me llevo a toda la familia, claro. Estoy casado y tengo tres hijos pequeños.

Federico:	¿Qué edad tienen tus hijos?
Luis:	Ana tiene ocho años. Antonio tiene cinco, y Susana, dos.
Federico:	¿Les gusta la playa a tus hijos?
Luis:	¡Uy, sí! ¡Ya lo creo! ¡Les gusta muchísimo! Les gusta bañarse, hacer castillos de arena, jugar a la pelota … en fin, se divierten mucho.
Federico:	¿Y a ti, te gusta la playa?
Luis:	Bueno, a mí me gusta mucho nadar. Cuando era más joven gané varios campeonatos regionales.
Federico:	¡No me digas!
Luis:	Sí, efectivamente. Pero son tiempos pasados. Ahora, no tengo tiempo para el deporte, con la familia, las obligaciones, el trabajo …
Federico:	¿En qué trabajas?
Luis:	Trabajo en una fábrica de artículos para playa.
Federico:	¿Ah, sí?
Luis:	Pues, sí. Hacemos de todo: cubos, palas, flotadores, barcos de plástico, pelotas, colchonetas …
Federico:	Entonces, no tienes que ir a comprar todos estos artículos a las tiendas.
Luis:	Bueno, no me los puedo llevar gratis … pero a los empleados nos hacen un cuarenta por ciento de descuento.
Federico:	¡No está mal!
Luis:	No, no está mal.
Federico:	Pues muchas gracias, Luis.

Sección dos

Federico:	Y ahora Beatriz.
Beatriz:	Hola, ¿qué tal?
Federico:	Muy bien, muchas gracias. Beatriz, ¿dónde va a ir usted de vacaciones?
Beatriz:	Pues yo tengo una casa en el pueblo …
Federico:	(Interrumpiendo) ¿En el pueblo donde ha nacido usted?
Beatriz:	Pues, sí. Es Cerezo del Río Tirón, de la provincia de Burgos.
Federico:	¿Y cuándo se va usted de vacaciones?
Beatriz:	Pues me voy a comienzos de julio y vuelvo a finales de agosto.
Federico:	Casi dos meses.
Beatriz:	Pues sí, casi dos meses. Pero a veces me quedo hasta mediados de septiembre.
Federico:	Son unas vacaciones muy largas. Entonces usted no trabaja …
Beatriz:	No, estoy jubilada. Antes trabajaba en un banco, de auxiliar administrativo.
Federico:	¿Y va con su marido y sus hijos?
Beatriz:	No, yo estoy soltera.
Federico:	Ah … bueno, pero en su pueblo tendrá usted familiares.

Beatriz:	Bueno, mi madre, que ya es muy anciana, con casi 85 años ... y cuatro hermanas y cinco hermanos.
Federico:	¿Son ustedes diez hermanos en total?
Beatriz:	Pues, sí, diez.
Federico:	¿Están todos casados?
Beatriz:	Sí, todos ... bueno, menos yo.
Federico:	Así, que tendrá usted muchísimos sobrinos, ¿no?
Beatriz:	(Riéndose) Dieciocho ... no diecinueve, porque el mes pasado nació otro.
Federico:	¿Y todos sus hermanos viven en el pueblo?
Beatriz:	Tres sí. Los demás viven en la capital.
Federico:	Muy bien. ¿Y qué hace usted durante las vacaciones?
Beatriz:	Pues, descansar. Me levanto tarde ... aunque también me acuesto tarde. Me gusta ir a pasear por el campo. Voy al río, porque también me gusta pescar.
Federico:	¿Pescar? ¿Y qué pesca usted?
Beatriz:	Truchas, sobre todo. Un día pesqué una trucha de un kilo y medio.
Federico:	¡Vaya, vaya! Pues, muchas gracias, Beatriz. ¡Y buena pesca para este año!

Sección tres

Federico:	Y ahora Fernando. Fernando es un joven de quince años que está estudiando BUP. Hola Fernando
Fernando:	(Algo inseguro) Buenos días, señor Olmo. ¿Cómo está usted?
Federico:	Fernando, trátame de tú. No me digas señor Olmo, sino Federico. Y no me digas «Cómo está USTED?»
Fernando:	De acuerdo. Buenos días, Federico. ¿Cómo estás?
Federico:	Esto me gusta. Así me siento más joven. Ja, ja, ja ... (Los dos se ríen.)
Fernando:	Ja, ja, ja.
Todos:	Ja, ja, ja.
Federico:	Anda dime, ¿tienes hermanos?
Fernando:	Sí, dos hermanas más pequeñas que yo, una de diez y otra de ocho.
Federico:	Así que tú eres el mayor.
Fernando:	Pues, sí.
Federico:	¿Y dónde vas de vacaciones, Fernando?
Fernando:	Pues, donde van mis padres. Unos años nos quedamos en España. Otros, vamos al extranjero.
Federico:	¿Qué países conoces?
Fernando:	Pues conozco Gran Bretaña, Francia, Alemania, Suiza ... y un año fuimos a Estados Unidos.
Federico:	¿A qué ciudad de Estados Unidos?

Fernando: Bueno, sólo a Nueva York.

Federico: Oye, Fernando, ¿qué idiomas hablas?

Fernando: Bueno, español ... ja, ja, ja, claro. Y también hablo muy bién inglés, porque voy a las clases del Instituto Británico en Madrid.

Federico: ¿Nada más?

Fernando: Bueno, un poco de francés, y un poco de alemán.

Federico: Y cuando te quedas en España, ¿adónde vas con tu familia?

Fernando: A San Sebastián.

Federico: ¿Sólo a San Sebastián?

Fernando: Pues sí, casi siempre ... porque mi madre es de San Sebastián. Y además, allí tenemos una casa muy bonita.

Federico: ¿En las afueras?

Fernando: No, en el centro de la ciudad.

Federico: ¿Y tienes muchos amigos en San Sebastián?

Fernando: Bueno, muchos amigos, no ... pero tengo primos de mi misma edad.

Federico: Entonces, te diviertes mucho.

Fernando: Sí, mucho.

Federico: Muy bien. Pues, muchas gracias a todos nuestros amables invitados de hoy. Y les deseo a ellos y también a nuestros oyentes unas felices vacaciones. Adiós, a todos.

Todos: Adiós.

Escena seis

Don Quijote de la Mancha

Personajes

Pedro
Antonio

Dos estudiantes de español están hablando de literatura española.

Pedro: ¿Qué opinas del libro «Don Quijote de la Mancha»?

Antonio: ¿El que escribió Miguel de Cervantes? Pues la verdad lo encuentro un poco difícil de comprender.

Pedro: ¿Por qué?

Antonio: Porque no tiene ninguna realidad, es como un cuento.

Pedro: Naturalmente, es un libro de pura fantasía.

Antonio: Don Quijote es un pobre loco.

Pedro: No, no. Don Quijote es un visionario. Él ve la vida a través de las novelas de caballería, donde siempre se defiende a las damas y se imparte justicia con la espada.

Antonio: Sí, pero cuando empieza sus aventuras, tiene más de 50 años de edad y está ya muy débil. Tiene un viejo caballo llamado «Rocinante» que es todo huesos.

Pedro: Sí, toda su vida ha leído novelas de caballeros errantes, y cree que ahora ha llegado el momento de salir en busca de aventuras.

Antonio: ¿Pero no se da cuenta de que está viviendo una fantasía?

Pedro: Sí, pero para él es como una realidad.

Antonio: Y Sancho Panza, su escudero, ¿no crees que es también un poco estúpido?

Pedro: No, Sancho Panza no es estúpido. Es un hombre con sentido común. Sabe que Don Quijote no puede defenderse solo y quiere ayudarle; además, quizá también encuentre fortuna.

Antonio: ¿Pero no sabe Sancho Panza que Don Quijote es un objeto de burla y de risa?

Pedro: Claro que lo sabe.

Antonio: ¿Entonces, cómo va a encontrar fortuna?

Pedro: Porque Sancho también quiere aventuras, aunque vea las cosas con realismo.

Antonio: ¡No lo comprendo!

Pedro: Mira, Sancho es un pobre campesino y no pierde nada con ir con Don Quijote. Además le respeta porque ha leído muchos libros, y él es analfabeto.

Antonio:	¿Y qué me dices de su dama?
Pedro:	¿Te refieres a Dulcinea del Toboso?
Antonio:	Sí.
Pedro:	Bueno, sabemos que es una pobre muchacha de la aldea, que trabaja de criada en un mesón ...
Antonio:	... Y que además es muy fea y vulgar.
Pedro:	Y Don Quijote la idealiza.
Antonio:	¿Cómo es posible si nunca la ha visto?
Pedro:	Para Don Quijote no es necesario; él la ve en su imaginación como quiere verla.
Antonio:	¡Tiene una gran imaginación, ja, ja, ja!
Pedro:	Aquí ves la paradoja: una mujer fea se convierte en una mujer hermosa a los ojos de Don Quijote, y él quiere hacerse digno de sus virtudes y belleza.
Antonio:	¿Y va a luchar por ella?
Pedro:	Sí, para demostrar su amor y valentía.
Antonio:	Francamente, no sé que pensar.
Pedro:	¿Cuántas veces has leído el libro?
Antonio:	Solamente una vez.
Pedro:	Tienes que leer el libro varias veces para darte cuenta de que es un libro universal, que nos habla a todos de las realidades de la vida y de nuestras fantasías.
Antonio:	El final del libro es un poco triste.
Pedro:	Sí, lo es. Don Quijote vuelve a la realidad y se muere.
Antonio:	Además, encuentro el libro muy largo.
Pedro:	No es necesario leerlo de cabo a rabo sino en capítulos. Todos son interesantes, y algunos también son muy divertidos. A los niños les gustan mucho las aventuras del «Hidalgo Don Quijote de la Mancha».
Antonio:	Sí, creo que tienes razón.
Pedro:	Adiós, Antonio.
Antonio:	Adiós, Pedro, hasta luego.

Useful Irregular Verbs

	Presente	Pretérito	Perfecto
empezar	Yo empiezo	Yo empecé	Yo he empezado
traer	Yo traigo	Yo traje	Yo he traído
construir	Yo construyo	Yo construí	Yo he construido
comprar	Yo compro	Yo compré	Yo he comprado
coger	Yo cojo	Yo cogí	Yo he cogido
	El coge		
venir	Yo vengo	Yo vine	Yo he venido
cortar	Yo corto	Yo corté	Yo he cortado
hacer	Yo hago	Yo hice	Yo he hecho
	El hace		
beber	Yo bebo	Yo bebí	Yo he bebido
comer	Yo como	Yo comí	Yo he comido
encontrar	Yo encuentro	Yo encontré	Yo he encontrado
volar	Yo vuelo	Yo volé	Yo he volado
	El vuela		
olvidar	Yo olvido	Yo olvidé	Yo he olvidado
obtener	Yo obtengo	Yo obtuve	Yo he obtenido
dar	Yo doy	Yo di	Yo he dado
ir	Yo voy	Yo fui	Yo he ido
	El va		
oír	Yo oigo	Yo oí	Yo he oído
guardar	Yo guardo	Yo guardé	Yo he guardado
salir	Yo salgo	Yo salí	Yo he salido
esperar	Yo espero	Yo esperé	Yo he esperado
poner	Yo pongo	Yo puse	Yo he puesto
leer	Yo leo	Yo leí	Yo he leído
correr	Yo corro	Yo corrí	Yo he corrido
decir	Yo digo	Yo dije	Yo he dicho
	El dice		
ver	Yo veo	Yo vi	Yo he visto
vender	Yo vendo	Yo vendí	Yo he vendido
enviar	Yo envio	Yo envié	Yo he enviado
dormir	Yo duermo	Yo dormí	Yo he dormido
hablar	Yo hablo	Yo hablé	Yo he hablado
gastar	Yo gasto	Yo gasté	Yo he gastado
robar	Yo robo	Yo robé	Yo he robado
nadar	Yo nado	Yo nadé	Yo he nadado
tomar	Yo tomo	Yo tomé	Yo he tomado

contar	Yo cuento	Yo conté	Yo he contado
pensar	Yo pienso	Yo pensé	Yo he pensado
comprender	Yo comprendo	Yo comprendí	Yo he comprendido
llevar	Yo llevo	Yo llevé	Yo he llevado
ganar	Yo gano	Yo gané	Yo he ganado
escribir	Yo escribo	Yo escribí	Yo he escrito

Alphabetical Vocabulary list

a tu salud	cheers	alguien	someone
a veces	sometimes	allí	there
abajo/a	below	alojamiento (m)	accommodation
abogado (m)	lawyer	alquilar	rent
abril (m)	April	alrededores (m)	area
absolutamente	absolutely	alto/a	tall
abuela (f)	grandma	alto ejecutivo (m)	general manager
abuelo (m)	grandpa	ama de casa (f)	housewife
abuelos (m)	grandparents	amable	friendly
accidente (m)	accident	amarillo/a	yellow
aceite	oil	ambición (f)	ambitious
acento (m)	accent	ambulancia (f)	ambulance
acera (f)	pavement	americano/a	American
acerca de	about	amiga íntima (f)	(best) friend
acompañar	accompany	amigo/a	friend
acordarse	remember	amistad (f)	friendship
acostarse	go to bed	amor al arte (m)	love of art
actor (m)	actor	amueblado/a	furnished
actriz (f)	actress	andar	walk/go for a walk
adelantar	overtake, catch up	anillo (m)	ring
adiós	goodbye	anís (m)	aniseed liqueur
admirar	admire	año (m)	year
aerodeslizador (m)	hovercraft	año pasado	last year
		año próximo	next year
afeitarse	shave	anoche	yesterday evening
aficionado (m)	fan		
afinado	tuned (piano)	antes	before
agosto	August	antiguo/a	antique
agua (f)	water	anuncio (m)	advertisement
agua corriente	running water	aparcamiento (m)	car park
agua mineral	mineral water	aparcar	park (car)
agujero (m)	hole	apartamento (m)	flat
ahora	now	apear	get out
aire (m)	air	apellido (m)	surname
albergue (m)	(youth) hostel	apenas	crowd (together)
alcalde (m)	mayor	aprender	learn
alegre	happy	aproximada-mente	approximately
alemán/a	German		
algo	somewhat	aquí	here
algodón (m)	cotton wool	árbol (m)	tree

armas de fuego (f)	weapon	bellas artes (f)	fine arts
arquitecto (m)	architect	bicicleta (f)	bike
arreglar	repair/arrange	bienvenido/a	welcome
arriba	above	billete (m)	ticket
arrugado	crumpled	bistec (m)	steak
ascensor (m)	lift	blanco/a	white
asiento (m)	seat	blusa (f)	blouse
aspecto (m)	appearance	boca (f)	mouth
aspirina (f)	aspirin	bocadillo (m)	bread (with butter)
atención (f)	attention	boda (f)	wedding
atractivo/a	attractive	bolígrafo (m)	(ballpoint) pen
atrasado/a	late	bolsa (f)	(plastic) bag
austríaco/a	Austrian	bolso (m)	bag
autobús (m)	bus	bonito/a	pretty
autopista (f)	motorway	bosque (m)	wood
autor (m)	author	bota (f)	boot
auxiliar (m/f)	assistant	botella (f)	bottle
avenida (f)	street	brazo (m)	arm
avería (f)	break-down	buen tiempo	good weather
avión (m)	plane	buena idea (f)	good idea
ayer	yesterday	buenas tardes	good evening
ayuda (f)	help	bueno/a	good
ayudar	help	bujía (f)	candle
azúcar (f)	sugar	buscar	look for/get
azul	blue	caballa (f)	mackerel
bailar	dance	caballero (m)	gentleman/knight
bailarina (f)	dancer	caballo (m)	horse
bajo/a	small, short	cabeza (f)	head
balcón (m)	balcony	cabina telefónica (f)	telephone box
baluarte (m)	fortress		
banco (m)	bank	cada	every
bandera (f)	flag	cada día	every day
baño (m)	bathroom	cafetería (f)	cafe
barato/a	cheap	caja de bombones (f)	box of chocolates
barco (m)	boat		
barman (m)	barkeeper	calamar (m)	squid
barra de labios (f)	lipstick	calamares a la romana	Roman style squid
barrio (m)	area	calcetines (m)	stockings/socks
bastante	quite	calle (f)	street
bebé (m)	baby	calor (m)	heat
beber	drink	cama (f)	bed
bello/a	beautiful		

camarera (f)	waitress	chaparrones (m)	(rain) shower
camarero (m)	waiter	chaqué (m)	jacket
cambiar	change	charlar	chat
cambio (m)	bureau de change	chequear	check/inspect
camisa (f)	shirt	chica (f)	girl
campamento (m)	camp site	chocar	hit
campo (m)	landscape	chuletas (f)	chop
caniche (m)	poodle	chuletas de	lamb chop
cansado/a	tired	cordero (f)	
cantar	sing	cielo (m)	sky/heaven
caramelos (m)	sweets	cilindro (m)	cylinder
caravana (f)	caravan	cita (f)	appointment
cariño (m)	darling		(doctor)
carne (f)	meat	ciudad (f)	city
carnet de	driving licence	claro/a	clear
conducir (m)		clase	tourist class
caro/a	expensive	económica (f)	
carretera (f)	job/race	coche (m)	car
carta (f)	letter	cocina (f)	kitchen/cuisine
carta verde (f)	car insurance	cocinar	cook
	certificate	colcha (f)	bedspread
cartera (f)	wallet	colección (f)	collection
casa (f)	house	coleccionar	collect
casado/a	married	coleccionista (m)	collector
casarse	get married	colega (m/f)	colleague
cascada (f)	waterfall	collar (m)	chain
casco (m)	helmet	color (m)	colour
casita de campo (f)	(small) cottage	comedor (m)	dining room
catedral (f)	cathedral	comer	eat
celebrar	celebrate	comida (f)	food/meal
central (f)	power station	comisario (m)	constable
centro (m)	center	compañero/a	companion
cepillo (m)	brush	(m/f)	
cepillar	brush	compañía(s) (f)	company
cepillo de dientes	toothbrush	compartir	share
(m)	near	comprar	buy
cerdo (m)	pork	compromiso (m)	appointment
cerillas (f)	matches	conducir	drive
certificado (m)	certificate/report	conejo (m)	rabbit
cerveza (f)	beer	conferencia (f)	conference
chaleco (m)	waistcoat	confundido/a	make a mistake
chalet (m),	bungalow	conseguir	get
chalé (m)		consejo (m)	advice

consomé de pollo (m)	clear chicken stock
contestar	answer
conveniente	convenient
copa (f)	wine glass
corbata (f)	tie
cordero (m)	lamb (meat)
coro (m)	choir
correcto/a	correct
correos (m)	post office
cortacésped (m)	lawn mower
corto/a	short
cosas (f)	things
costa (f)	coast
creer	believe
crema de champiñones (f)	mushroom soup
cremallera (f)	zip
cruce de cebra (m), paso de cebra (m)	zebra crossing
cruzar	cross
cuadrado/a	square
cuándo	when
¿cuánto es?	what does it cost?
¿cuántos?	how much?
cuidar	look after
cumpleaños (m)	birthday
danés/a	Dane/Danish
dar un paseo	go for a walk
¡date prisa!	hurry up!
de nada	it doesn't matter
de repente	suddenly
de verdad	really
debajo	underneath/under
débil	weak
decir	say
dedicarse	dedicate
dedo (m)	finger
dedo del pie (m)	toe
delante de	in front of
deletrear	spell
delgado/a	slim

demasiado	too much
dependiente/a (m/f)	sales assistant
deprisa	fast
derecho/a	right
derribar	hit/run over/ destroy
derroche (m)	rubbish
desayuno (m)	breakfast
descolgar	pick up (phone)
descuidado/a	careless
despacio/a	slow
despedir	dismiss
despertador (m)	alarm clock
después	after
desventaja (f)	disadvantage
desviar	divert
detrás	behind
diapositivas (f)	slides
diarrea (f)	diarrhoea
diente (m)	tooth
difícil	difficult
dígame	tell me, hello (phone)
dinero (m)	money
dinero suelto (m)	change
Dios (m)	God
¡Dios mío!	My God!
diputado a Cortes (m)	Member of the Spanish Parliament
dirección (f)	address
directo/a	direct
director de pompas fúnebres (m)	undertaker
disculparse	apologise
disparar	aim
distancia (f)	distance
diversión (f)	entertainment
divorciado/a	divorced
divorcio (m)	divorce
doble	double

docena (f)	dozen	escalera (f)	stairs
dolor (m)	pain	escalope de	cutlet
dolor de	headache	ternera (f)	
cabeza (m)		escandinavo/a	Scandinavian
dolor de oído (m)	earache	escribir	write
¿dónde?	where?	escribir a	type
dormitorio (m)	bedroom	máquina	
ducha (f)	shower	escuchar	listen to
dulces (m)	sweets	escuela (f)	school
echar	fire/throw	espacio (m)	space
edad (f)	age	espalda (f)	back
edad avanzada (f)	old age	España (f)	Spain
edificio (m)	building	español/a	Spanish
ejército (m)	army	esparadrapo (m)	plaster
elegante	elegant	espárragos con	asparagus with
embarazada	pregnant	mayonesa	mayonnaise
embellecer	embellish	esperar	wait
embrague (m)	clutch	espíritu (m)	spirit
empezar	begin	esposa (f)	wife
empleo (m)	work	esquiar	ski
empresa (f)	firm/employer	esquina (f)	corner
empujar	push	esta noche (f)	this evening
en seguida	straight away	estación (f)	station
encantado/a	enchanted	esto es todo	that's all
encantador/a	charming	estrecho (m)	strait
encendedor (m)	lighter	estropeado/a	damaged
encontrar	find	estuche (m)	box, case
enfermera (f)	nurse	evaluar	evaluate
enfermo/a	ill	excelente	excellent
enfrente	opposite	experiencia (f)	experience
enorme	enormous	explicar	explain
ensalada de	fruit salad	expresión (f)	expression
fruta (f)		extranjero/a	foreigner
entonces	then	extraño/a	unusual
entrada (f)	entrance ticket	fácil	easy
entremeses	starter	falda (f)	skirt
variados (m)		falta (f)	mistake
entrenar	train	fantástico/a	fantastic
envase (m)	container	farmacia (f)	chemist
envolver	develop	favorito/a	favourite
época (f)	time	fecha (f)	date
equipo (m)	team	feliz	happy
equivocado/a	make a mistake	fiebre (m)	temperature/fever

fin de semana (m)	weekend	habitación (f)	room
		hablar	speak
final (m)	end	hace calor	it's hot
flor (f)	flower	hace sol	the sun is shining
forastero/a	stranger	hacer dinero	earn money
fortaleza (f)	fortress	hacer la cama	make the bed
foto (f)	photo	helado (m)	ice cream
francamente	honest	hermana (f)	sister
frenar	brake	hermano (m)	brother
frente (f)	forehead	hijos (m)	children
fresias (f)	fresia	hirviendo/a	boil
frío	cold	hogares destro-	broken family
gafas de sol (f)	sunglasses	zados (m)	(parents
galería (f)	gallery		divorced)
gambas a la plancha	fried prawns	hola	hello
		hombre (m)	man
garantía (f)	guarantee	hombre de nego-	salesman
garganta (f)	throat	cios (m)	
gaseosa (f)	lemonade	hombro (m)	shoulder
gato (m)	cat	horquilla (f)	hairclip
gazpacho (m)	cold tomato soup with garlic	hospedaje (m)	flat/accommoda-tion
gemelos (m)	cufflinks, also: twins	hospedar	put up
		hoy	today
Ginebra	Geneva	huésped (m)	guest
gobierno (m)	government	huevo (m)	egg
goma (f)	rubber	humilde	modest
gordo/a	fat	humo (m)	smoke
gótico/a	Gothic	ida y vuelta (f)	return ticket
grabados (m)	engraving	identidad (f)	identity
gracias	thanks	idioma (m)	language
¡Gracias a Dios!	Thank God!	iglesia (f)	church
grande	big	ignición (f)	light
gripe (f)	flu	igualdad (f)	equality
gris	grey	imagen (f)	image
gritar	shout	impermeable (m)	raincoat
guante (m)	glove	incapaz	incapable
guapo/a	beautiful	individual	individual
guardar	look after	ingeniero (m)	engineer
guía (m)	guide	inmediatamente	immediately
guisante (m)	pea	insertar	insert/put in
guitarra (f)	guitar	insistir	insist
gustar	like	interesante	interesting

intérprete (m/f)	interpreter	limpiar	clean
invierno (m)	winter	limpio/a	clean
invitar	invite	listo/a	ready
ir	go	llamada	telephone call
ir a pie	go on foot	telefónica (f)	
ir de compras	go shopping	llamar	call
italiano/a	Italian	llave (f)	key
izquierdo/a	left	llegar	arrive
jabón (m)	soap	llegar a un	make oneself
jardín (m)	garden	acuerdo	understood
jarrón (m)	vase	llegar tarde	arrive late
jefe (m)	boss	lleno/a	full
jerez (m)	sherry	llueve	it's raining
jersey (m)	pullover	lo siento	I'm sorry
joven (m/f)	young man/	locutor (m)	announcer
	woman	lomo de merluza	hake with mus-
joyería (f)	jewellery	con almejas	sels
jubilado/a (m/f)	pensioner	luchar	fight
judía (f)	bean	lugar (m)	place
jugar	play	mal	bad
junio (m)	June	maldito/a	cursed
junto a	next to	maleta (f)	suitcase
juntos/as	together	malhumorado/a	in a bad mood
jurado (m)	jury	mamá (f)	Mum
labios (m)	lips	mañana	morning
lago (m)	lake	mañana por la	tomorrow
lámpara (f)	lamp	mañana	morning
lana (f)	wool	mancha (f)	mark, stain
langosta (f)	lobster	manchar	stain
largo/a	long	manómetro (f)	thermometer
lavabo (m)	toilet	mantequilla (f)	butter
lavar	wash	manzana (f)	apple
leche (f)	milk	mapa (m)	map
leer	read	máquina (f)	machine
legumbres (f)	vegetables,	mar (m)	sea
	pulses	maravilloso/a	marvellous
lejos	far	marca (f)	brand
lengua (f)	tongue	marcar	dial
levantarse	get up	mareado/a	unwell
libertad (f)	freedom	marido (m)	husband
libre	free	marinero (m)	sailor
librería (f)	library	marrón	brown
libro (m)	book	más claro	clearer

matrícula (f)	number plate	nada más	nothing else
matrimonio (m)	marriage	nadar	swim
mayo (m)	May	nadie	no one
me gusta	I like it	naipes (m)	Spanish playing
me gustaría	I'd like		cards
¡mecachis!	Damn!	naturaleza	human nature
mecanógrafa (f)	secretary	humana (f)	
media pensión	bed and breakfast	naturalmente	naturally
medianoche (f)	midnight	navegar	navigate, sail
medias (f)	tights	navidad (f)	Christmas
médico (m)	doctor	necesario/a	necessary
medio kilo (m)	pound	necesitar	need
mediodía (m)	midday	negro/a	black
mejillones (m)	mussels	nieta (f)	granddaughter
mejor	better	nieto (m)	grandson
melón con jamón	melon with ham	nietos	grandchildren
mensaje (m)	message	nieve (f)	snow
merluza (f)	hake	nilón (m)	nylon
mermelada (f)	jam	niño (m)	child
mes próximo (m)	next month	no comprendo	I don't under-
mesa (f)	table		stand
metro (m)	underground	no fumador	non smoker
miembro (m)	member	no funciona	broken
mirar	look at oneself	no importa	it doesn't matter
mochila (f)	rucksack	no marcha	it doesn't work
moderno/a	modern	no puede	you can't, also:
mojado/a	wet		he/she can't
montañoso/a	mountainous	no tengo	I haven't got
montar a caballo	ride	noche (f)	night
morir	die	nombre (m)	name
moto (f)	motorbike	noroeste (m)	north-west
motor (m)	motor	norte (m)	north
mucho/a	a lot of	noticias (f)	notice, note
con mucho gusto	pleasant	novio (m)	friend
mujer (f)	woman	nuevo/a	new
mundo (m)	world	número (m)	number, figure
música	folk music	obedecer	obey
folclórica (f)		obtener	obtain
muy bien	very good	ocupado	engaged
nacer	born	ocurrir	happen
nacimiento (m)	birth	oficina de	tourist office
nacionalidad (f)	nationality	turismo (f)	
nada	nothing	olvidar	forget

organizar	organise	pensión completa (f)	full board
orgulloso/a	proud		
oro (m)	gold	pequeño/a	small
ostras (f)	oysters	pera (f)	pear
otoño (m)	autumn	perder	lose
otra vez	again	pérdida de tiempo (f)	waste of time
paciente (m/f)	patient		
padre (m)	father	perdido/a	lost
paella a la marinera (f)	paella with seafood	perdonar	forgive
		perdón (m)	pardon
pagar	pay	perezoso/a	lazy
pagar en efectivo	pay cash	permanente	permanent
		permiso (m)	permission
país (m)	country	permitir	permit
pájaro (m)	bird	perro (m)	dog
palacio (m)	palace	pescado (m)	fish
pan (m)	bread	pescar	fish
pan integral (m)	wholemeal bread	picar	knock (motor)
pantalones (m)	trousers	pie (m)	foot
paquete (m)	packet, package	piel (f)	leather
paraguas (m)	umbrella	pierna (f)	leg
parlamento (m)	parliament	pinchazo (m)	flat tyre
parque (m)	park	pintura (f)	paint
párroco (m)	parich priest	piso (m)	painting
pasajero (m)	passenger	pisotear	flat
pasatiempo (m)	pastime, hobby	planear	tread on something, plan
pasear	go for a walk		
paseo (m)	walk	planta baja (f)	ground floor
pasta de dientes (f)	toothpaste	plata (f)	silver
		plátano (m)	banana
pasteles (m)	cake, cakes	plato (m)	plate
patatas fritas (f)	chips	playa (f)	beach
pato asado (m)	roast duck	plaza (f)	square
pecho (m)	breast	pluma (f)	feather, pen
pedazo de pastel (m)	a piece of cake	poco/a	a little
		policía (f)	police
pegar una etiqueta	stick a label on	pollo (m)	chicken, hen
		pollo al ajillo (m)	chicken with garlic
peine (m)	comb		
película (f)	film	pólvora (f)	gunpowder
pelo (m)	hair	poner un plomo	mend a fuse
peluquería (f)	hairdresser	por casualidad	by chance
pendientes (m)	earring	por favor	please

portero (m)	porter	rechoncho/a	plump
postal (f)	postcard	recomendar	recommend
postre (m)	dessert	reconquista (f)	reconquer
precio (m)	price	reducir el paro	reduce unemployment
prestar	lend		
primavera (f)	spring	regalo (m)	present
primera vez (f)	the first time	región (f)	region
primero/a	first	reina (f)	queen
probador (m)	changing room	reloj (m)	clock
probar	try on	reloj de	watch
profesión (f)	job	pulsera (m)	
prometer	promise	remolcar	tow away
protección de	job protection	reparaciones (f)	repairs
empleo (f)		representación (f)	representation
provisto	provided	representer	represent
próximo/a	next	resaca (f)	hangover
pueblo (m)	village	reserva (f)	reservation
puente (m)	bridge, door	reservar	reserve, book
puerto de mar	harbour	resfriado/a	have a cold
(m)		respuesta (f)	answer
¡qué bruto!	how impolite!	resto (m)	rest
¡qué lata!	how annoying!	revelado/a	developed
¡qué mala suerte!	what a pity!	revisor (m)	inspector
¡qué pena!	what a pity!	revista (f)	magazine
¡qué suerte!	what luck!	rey (m)	king
¿qué tal?	how are you?	riñónes al	kidney
quemaduras (f)	sunburn	Jerez (m)	
querido/a	kind	río (m)	river
queso (m)	cheese	ritual (m)	ritual
quisiera	I'd like	rizado/a	curly
quizá(s)	perhaps	robar	steal
radiador (m)	radiator, (heating) radiator	rodilla (f)	knee
		rojo/a	red
radio (m)	radio	romper	break
radioyentes (m/f)	listeners	ropa (f)	clothes
radiólogo (m)	radiologist	rosa (f)	rose
rama (f)	twig	rosado/a	pink
rápido/a	fast	rosbif (m)	roast beef
raqueta de	tennis racket	roto/a	broken
tenis (f)		ruido (m)	noise
raramente	rarely	ruidoso/a	loud
razón (f)	reason	sábado (m)	Saturday
rebosar	overflow	sal (f)	salt

sala de estar (f)	living room
salchicha (f)	sausage
salir	leave, go out
saludo (m)	greeting
secador de pelo (m)	hairdryer
secarse	dry one's hair; dry oneself
seco/a	dry
secretaria (f)	secretary
seda (f)	silk
segundo/a	second
seguro/a	sure
seguro de viaje (m)	travel insurance
seguro para la vejez (m)	retirement insurance
sello (m)	stamp
semáforo (m)	traffic lights
semana (f)	week
semana pasada (f)	last week
semanal	weekly
señor (m)	Mr
señora (f)	Mrs, lady
señorita (f)	Miss
sensible	sensitive
sentarse	sit down
sentido (m)	sentiment, feeling
sentido de humor	sense of humour
seres humanos (m)	human beings
serio/a	serious
si quieres	if you like
sierra (f)	mountains
significado (m)	meaning
siguiente	following
silla (f)	chair
simpático/a	nice
simulacros de batallas (m)	staged fight
sin embargo	however
sintético	synthetic

sirena (f)	mermaid
sitio (m)	seat
sobre (m)	envelope
sobrepaga (f)	extra pay
sobrina (f)	niece
sobrino (m)	nephew
socio (m)	member
sol (m)	sun
solamente	only
solicitud (f)	application
solo/a	alone, only
solomillo de cerdo	pork chop
soltero (m)	bachelor
sopa de marisco (f)	mussel soup
sopa de pescado (f)	fish soup
sorprendido/a	surprised
sorpresa (f)	surprise
sucio/a	dirty
sucursal (f)	branch
suelo (m)	earth, ground
sugerir	suggest
suizo/a	Swiss
sujeto (m)	subject
sur (m)	south
tableta (f)	tablet
talla (f)	size
taquilla (f)	ticket office/box office
tarde	late/evening
tarjeta (f)	card
tarjeta de crédito (f)	credit card
taza (f)	cup
té (m)	tea
té de menta (m)	peppermint tea
teatro (m)	theatre
tela (f)	material
televisión (f)	TV
tema (m)	topic, theme
temporalmente	temporary

tener hijos	have children	vacío/a	empty
ternera (f)	veal	vacunación (f)	vaccination
terrible	terrible	válido/a	valid
tía	aunt	vecino/a	neighbour
tiempo (m)	weather/time	vegetariano/a	vegetarian
tiempo estu-pendo (m)	beautiful weather	velocidad (f)	speed
		venda (f)	envelope
tienda (f)	shop	venir	come
tijera (f)	land	ventana (f)	window
tímido/a	shy	ventilador (m)	ventilator
tío (m)	uncle	ver	see
tisana diurética (f)	kidney and blad-der tea	verano (m)	summer
		verde	green
tobillo (m)	ankle	vestido (m)	dress
tocar	play	vestigios (m)	remains, ruins
tomar	take (in)	viajar	travel
tonelada (f)	ton	vida (f)	live
tontería (f)	stupidity	viejo/a	old
torcido/a	twisted	vino (m)	wine
tormenta (f)	storm	vino rosado (m)	rosé wine
torre (f)	tower	visado (m)	visa
tortilla española (f)	Spanish omelette	visitar	visit
tos (f)	cough	vista (f)	view
tostada (f)	toast	vivir	live
trabajar	work	voy a	I want to … now
trabajo (m)	work	voz (f)	voice
traer	bring	vuelo (m)	flight
traje (m)	suit	zanahorias (f)	carrot
traje de baño (m)	bathing suit	zapatillas (f)	slippers
trasbordar/hacer	change	zumo de naranja (m)	orange juice
trastorno de estó-mago (m)	upset stomach		
tren (m)	train		
triste	sad		
trucha (f)	trout		
trucha a la navarra	trout with ham		
tubo de escape (m)	exhaust		
turno (m)	shift		
último/a	last		
usar	use		
vacaciones (f)	holidays, vacation		

Learning Success Test

If you have worked through this language course carefully, you will certainly be able to cope with the following exercises without further ado. Nevertheless, should certain questions pose great difficulties, it is recommended that you repeat the relevant Unidades of the course once again.

1. Add the correct expression for the corresponding receptacle.

   1. Un . . . . de leche.

   2. Una . . . . de bombones.

   3. Una . . . . de té.

   4. Una . . . . de jerez.

   5. Un . . . . de manzanas.

   6. Una . . . . de vino.

   7. Un . . . . de zumo de naranja.

2. Pose some personal questions.

   1. What is your name? . . . .

   2. Where do you live? . . . .

   3. Where do you come from? . . . .

   4. Are you married? . . . .

   5. Do you have children? . . . .

3. You would like to write a letter home and first of all ask how much the stamps cost, which you need. You buy five of them. Complete your part of the dialogue.

Empleado (E), Usted (X)

X: ....

E: ¿Carta o postal?

X: ....

E: Para Alemania cuesta 50 céntimos.

X: ....

E: Son 2,50 euro.

4. a) Ask the way to the train station.

....

b) Somebody asked you the way to the theatre. You give the corresponding piece of information. Write down what you say below the respective numbers.

1. ....

2. ....

3. ....

4. ....

5. ....

---

1 If you have had difficulties up to now, it is recommended to work through Unidades 1 to 9 once again.

5. Someone asks your permission. Give your consent (+ or ++) or refuse permission (- or --):

1. ¿Puede prestarme su bicicleta? (++)

2. ¿Puede prestarme su cepillo de dientes? (--)

3. ¿Puede prestarme su coche? (+)

4. ¿Me permite fumar? (--)

5. ¿Me permite usar su pluma? (-)[1]

6. Give the feminine forms of the professions below.

1. Un actor.	Una . . . .
2. Un secretario.	Una . . . .
3. Un empleado.	Una . . . .
4. Un estudiante.	Una . . . .
5. Un camarero.	Una . . . .
6. Un bailarín.	Una . . . .
7. Un electricista.	Una . . . .

7. Add each time the correct form of the verbs in the present tense:

1. Buenos días, ¿qué desea?

2. Puede decirme cuándo . . . . (salir) mañana el próximo avión para Barcelona, por favor.

3. Sale a las 15.30 y . . . . (llegar) a las 17.30.

4. . . . . (querer) dos reservas en este vuelo, por favor.

5. ¿Qué . . . . (decir) esa señora?

6. Dice que . . . . (querer) hacer dos reservas para mañana a Barcelona.

7. ¿ . . . . (saber, tu) dónde . . . . (estar) los billetes?

8. Sí, creo que . . . . (estar) encima de la mesa.

9. Aquí . . . . (tener).

10. ¿Dónde . . . . (estar) Amalia?

11. En el aeropuerto. . . . . (venir) en media hora.

8. Ask:

When the train to Cuenca will leave. . . . .

If you have to change trains. . . . .

When the train from Madrid will arrive. . . . .

When the next train goes to León. . . . .

9. Describe both of the following people.

Alicia: 30, very attractive, dark long hair.

Luis: 48, tall. Good looking, slim man with curly short hair.

10. Add the adjective correctly.

1. Me gusta mucho la cerveza . . . . (alemán)

2. Sus amigos . . . . llegan por la tarde. (español)

3. ¿Tienes un coche . . . .? (italiano)

4. ¿Te gusta la comida . . . . ? (francés)[2]

---

2 If you had problems with these exercises, you should repeat Unidades 10 to 21.

11. Do you remember?

1. El Museo del Prado

   a) es uno de los museos más famosos del mundo.
   b) es el museo más famoso del mundo.
   c) es un famoso museo de Barcelona.

2. La colección de pintura la inició

   a) el rey Felipe II.
   b) el emperador Carlos V.
   c) el rey Carlos III.

3. «La Rendición de Breda» es un cuadro de

   a) Goya.
   b) Velázquez.
   c) El Greco.

12. Complete the following dialogue. Your toaster is not working. The toast keeps getting burnt.

Empleado (E), Usted (X)

E: Buenos días. ¿Qué desea?

X: . . . .

E: ¿Cuál es el problema?

X: . . . .

E: Ah, ya.

X: . . . .

E: Veremos lo que se puede hacer.

X: . . . .

E: Venga el próximo jueves.

X: ....

13. a) Pretérito o Perfecto?

.... (perder) mi bolso. Creo que me lo .... (robar).

Lo .... (ver) por última vez ayer, cuando .... (llegar)

el autobús.

Estoy segura de que lo .... (abrir) para sacar los billetes.

Después .... (sentarse) en nuestros asientos y desde entonces

no lo .... (volver) a ver.

b) Describe the lost handbag.

«¿Puede describirlo?»

It is brand new, small, angular and made of black leather.

....

14. What are the past tense forms of the following verbs?

tomar	....	....
perder	....	....
cerrar	....	....
ver	....	....
subir[3]	....	....

---

3 If you had difficulties with these exercises, you should repeat Unidades 22 to 33.

15. Read the following text and mark the correct statement with a cross.

Igualdad en el trabajo.

En nuestra sociedad intentamos asegurarnos de que exista una igualdad en todos los sentidos entre las mujeres y los hombres. En términos generales, esto quiere decir que las mujeres tienen la libertad de poder buscar cualquier trabajo, y concretamente, que se les ofrece la posibilidad de realizar trabajos hasta ahora típicamente masculinos.

¿A qué se debe que haya todavía tan pocas mujeres en los puestos de dirección de los bancos? ¿A qué se debe que haya tan pocas mujeres en el Parlamento? ¿Por qué sólo pocas mujeres forman parte de la élite de nuestras universidades? La mujer en nuestra sociedad debe poder elegir libremente. Algunas prefieren permanecer en casa y ocuparse de la educación de los hijos. Naturalmente, también el hombre puede tener la posibilidad de quedarse en casa y ocuparse de los hijos, mientras que su mujer trabaja. Otras mujeres quieren trabajar y ocuparse al mismo tiempo de la familia y, posiblemente, otras prefieren hacer carrera sin formar una familia. Lo más importante es que puedan tener la oportunidad de elegir lo que quieren hacer.

1. En nuestra sociedad debe haber igualdad entre el hombre y la mujer ...

   a)   en todos los sentidos.

   b)   en algunos aspectos.

   c)   sólo en los bancos.

2. Es importante que la mujer ...

   a)   pueda tener un trabajo y una familia.

   b)   pueda tener un trabajo sin formar una familia.

   c)   pueda tener la oportunidad de elegir lo que quiere hacer.

3. En el Parlamento hay …

    a) sólo mujeres.

    b) pocas mujeres.

    c) sólo hombres.

4. Es de esperar que cada vez más hombres …

    a) estén en los puestos de dirección de los bancos.

    b) se queden en casa mientras que sus mujeres trabajan.

    c) se acostumbren a ver más mujeres en trabajos típicamente masculinos.

Answer Section

1. 1. Un vaso de leche.
2. Una caja de bombones.
3. Una taza de té.
4. Una copita de jerez.
5. Un kilo de manzanas.
6. Una botella de vino.
7. Un cartón de zumo de naranja.

2. 1. ¿Cómo se llama?
2. ¿Dónde vive usted?
3. ¿De dónde es?
4. ¿Está usted casado?
5. ¿Tiene usted hijos?

3. X: Perdone, ¿puede decirme cuánto cuesta un sello para Alemania?
E: ....
X: Carta.
E: ....
X: Deme cinco sellos, por favor.
E: ....

4. a) ¿Puede decirme si está cerca de aquí la estación?
¿Puede decirme dónde está la estación?

b) 1: Siga todo recto hasta el semáforo.
2: Tome la segunda calle a la derecha.
3: A la vuelta está la calle Condal.
4: El teatro está al lado de la oficina de Correos.
5: El teatro está enfrente del banco.

5.
1. . . . . Sí, claro que puedo.
2. . . . . Ciertamente, no.
3. . . . . Naturalmente.
4. . . . . Ciertamente, no.
5. . . . . No, lo siento mucho.

6.
1. Una actriz.
2. Una secretaria.
3. Una empleada.
4. Una estudiante.
5. Una camarera.
6. Una bailarina.
7. Una electricista.

7.
1. Buenos días, ¿qué desea?
2. Puede decirme cuándo sale mañana el próximo avión para Barcelona, por favor.
3. Sale a las 15.30 y llega a las 17.30.
4. Quiero dos reservas en este vuelo, por favor.
5. ¿Qué dice esa señora?
6. Dice que quiere hacer dos reservas para mañana a Barcelona.
7. ¿Sabes dónde están los billetes?
8. Sí, creo que están encima de la mesa.
9. Aquí tiene.
10. ¿Dónde está Amalia?
11. En el aeropuerto. Viene en media hora.

8.
¿Cuándo sale el tren a Cuenca?
¿Tengo que hacer trasbordo?
¿Cuándo llega el tren de Madrid?
¿Cuándo sale el próximo tren para León?

9. Alicia tiene 30 años, es muy atractiva y tiene el pelo moreno y largo.

Luis tiene 48 años y es alto. Es un hombre muy guapo,
delgado con el pelo rizado y corto.

10. 1. alemana.
2. españoles.
3. italiano.
4. francesa.

11. 1. a)
2. b)
3. b)

12. E: . . . .
X: ¿Puede ayudarme, por favor?
E: . . . .
X: Algo le pasa a mi tostador. Siempre se queman las tostadas.
E: . . . .
X: ¿Puede arreglarlo?
E: . . . .
X: ¿Cuánto tardará en arreglarlo?
E: . . . .
X: Gracias.

13. a) He perdido mi bolso. Creo que me lo han robado. Lo vi por última vez ayer, cuando llegó el autobús. Estoy segura de que lo abrí para sacar los billetes. Después nos sentamos en nuestros asientos y desde entonces no lo he vuelto a ver.

b) Es completamente nuevo, pequeño, cuadrado, de piel negra.

14.

tomé	he tomado
perdí	he perdido
cerré	he cerrado
vio	he visto
subí	he subido

15.
1. a)
2. c)
3. b)
4. c)